Becker · Handlungsorientierte Didaktik

Georg E. Becker

Handlungsorientierte Didaktik

Eine auf die Praxis bezogene Theorie

2. Auflage

Beltz Verlag · Weinheim und Basel

Georg E. Becker, Jg. 1937, Dr. phil., ist Professor für Allgemeine Didaktik/Schulpädagogik an der Pädagogischen Hochschule Schwäbisch Gmünd.

Die Deutsche Bibliothek – CIP-Einheitsaufnahme

Becker, Georg E.:
Handlungsorientierte Didaktik : eine auf die Praxis bezogene
Theorie / Georg E. Becker. – 2., unveränd. Aufl. – Weinheim ;
Basel : Beltz, 1995
  (Beltz Grüne Reihe)
  ISBN 3-407-25135-1

2., unveränderte Auflage 1995

Lektorat: Peter E. Kalb

© 1991 Beltz Verlag · Weinheim und Basel
Herstellung (DTP): Klaus Kaltenberg
Druck: Druck Partner Rübelmann, Hemsbach
Umschlaggestaltung: Dieter Vollendorf, München
Printed in Germany

ISBN 3-407-25135-1

Walter R. Borg gewidmet

† 1990

Utah State University

Inhaltsverzeichnis

7

Vorwort

Dieses Buch ist Walter Borg gewidmet, Professor an der Utah State University und Begründer des Minicourse-Konzeptes. Borg betonte immer wieder, es komme ihm nicht darauf an, bei seinen Studenten eine Wortgelehrsamkeit zu erzeugen, vielmehr sei es sein Bestreben, angehende Lehrer zu sinnvollem Tun zu befähigen, welches den Schülern zugute kommt.

In ähnlicher Weise beeinflußte Walter Zifreund, Direktor des Zentrums für Neue Lernverfahren an der Universität Tübingen, diesen didaktischen Ansatz, indem er schon vor 25 Jahren sein »Konzept für ein Training des Lehrverhaltens mit Fernsehaufzeichnungen in Kleingruppen-Seminaren« (1966) publizierte und eine realistische Wende in der Lehrerbildung einleitete.

Danken möchte ich auch dem Kollegen Ernst Meyer, der mir vor Jahren bei der Einrichtung einer Trainingsabteilung an der Pädagogischen Hochschule Heidelberg half und der meine Aktivitäten auf dem Trainingssektor stets akzeptierte und tolerierte. Zu danken ist den Mitarbeitern des Audiovisuellen Zentrums der Pädagogischen Hochschule Heidelberg, die immer zur Verfügung standen, wenn Videoaufzeichnungen mit Modellcharakter oder Lehrfilme zu drehen waren.

In dieses Buch fließen Erfahrungen ein, die ich in den Jahren 1972–1980 als Projektberater am Forschungszentrum der Stiftung Rehabilitation in Heidelberg sammeln konnte. So denke ich gern an die intensive Zusammenarbeit mit Beate Clemens-Lodde, Ingrid Jaus-Mager und Karl Köhl zurück, an die Entwicklung und Erprobung von Studien- und Übungsun-

terlagen für Dozenten im Bereich der beruflichen Erwachsenenbildung und an die vielen Trainingskurse, die wir gemeinsam gestalteten.[1] Und gleiches gilt für die Kooperation mit
Hans Stadler und Christoph Hoffmann in einem Forschungs-
projekt, das sich mit der Entwicklung von Studien- und
Übungsunterlagen für sozialpädagogische Mitarbeiter in Kin-
der- und Jugendwohnheimen befaßte.[2]

Indirekt Anteil an diesem didaktischen Ansatz haben viele
Schüler, Studenten, Referendare, Praktikanten, Ausbildungslehrer, Mentoren und Kollegen. So haben meine Grund-,
Haupt- und Realschüler meine methodischen und pädagogischen Experimente zumeist klaglos über sich ergehen lassen.[3]
Ohne die damals gesammelten Erfahrungen hätte dieser Ansatz nie entstehen können. Indirekt beteiligt waren auch die
vielen tausend Studentinnen und Studenten an den Pädagogischen Hochschulen Freiburg, Heidelberg und Schwäbisch
Gmünd, die sich in den letzten Jahren immer wieder in Kurse
zum »Erwerb grundlegender Handlungskompetenzen« oder
zur »Konfliktbewältigung im Unterricht« eingebracht haben. –
Referendare, die sich auf das Lehramt an den Realschulen
vorbereiteten, befaßten sich in ihren wissenschaftlichen Haus-
arbeiten mit spezifischen Lehrqualifikationen und Handlungskompetenzen, indem sie entweder das Verhalten ihrer Mentoren beobachteten und analysierten oder sich selbst gezielt in
den Unterricht einbrachten, um typische Handlungsmuster zu
erproben.

Bedeutsam für die Entwicklung dieses didaktischen Ansatzes war auch die Zusammenarbeit mit den Studenten in den
Schulpraktika, insbesondere die Verknüpfung der Trainingskurse zur Kompetenzanbahnung in der Hochschule mit den im
Unterricht wahrzunehmenden Aufgaben. So hatte ich immer
wieder die Gelegenheit, Praktikanten zu beobachten, wie sie
versuchten, angebahnte Kompetenzen im Unterricht zu erproben. Ich konnte auch selbst unterrichten und so meinen didaktischen Ansatz überdenken, Studien- und Übungsunterlagen
überarbeiten und die Trainungskurse zur Kompetenzanbahnung modifizieren. In den Jahren 1985 bis 1990 halfen mir

viele Ausbildungslehrer und Mentoren der Pädagogischen Hochschule Heidelberg in meinen Bemühungen um eine problembewußte und handlungsorientierte Ausbildung der Praktikanten. Mein besonderer Dank gilt dem Kollegen Gernot Gonschorek, der mich in meiner Funktion als Beauftragter für die schulpraktische Ausbildung tatkräftig unterstützte.

Anteil an diesem Ansatz haben indirekt auch jene Lehrer aus dem medizinisch-therapeutischen Bereich, die bei der Deutschen Zentrale für Volksgesundheitspflege in Frankfurt am Main Fortbildungskurse zum Erwerb grundlegender Handlungskompetenzen besuchten. An dieser Stelle sei Hannelore Kelley und Susanne Schewior-Popp gedankt, die seit Jahren günstige Rahmenbedingungen für die Kurse zur Kompetenzanbahnung schaffen, die Teilnehmer und Dozenten betreuen und so zum Gelingen der Veranstaltungen maßgeblich beitragen.

Danken möchte ich Herrn Bernd Weidenmann, ehemals Lektor beim Verlag Urban & Schwarzenberg, den Verlagsinhabern Julius und Michael Klinkhardt und dem Lektor Peter E. Kalb vom Beltz-Verlag in Weinheim. Sie alle haben in den zurückliegenden Jahren meine Publikationsvorhaben zügig realisiert und so zur Verbreitung meiner Arbeiten beigetragen.

Dank gebührt auch meiner Frau, Antje Hüter-Becker, Leiterin der Krankengymnastikschule an der Orthopädischen Klinik der Universität Heidelberg. Sie gründete das Heidelberger Lehrerseminar und regte mich dazu an, in den »Beiträgen zu Unterricht und Ausbildung« der Zeitschrift »Krankengymnastik« bedeutsame Lehrqualifikationen und Handlungskompetenzen vorzustellen.

Einleitung

Mit diesem Buch wird der Versuch unternommen, einen didaktischen Ansatz vorzustellen, der von Pädagogikstudenten,
Praktikanten, Referendaren, Lehrern, Kollegen und Kolleginn-
nen anerkannt wird und mit dem sie arbeiten können. Seitdem
H. Meyer (1980) die Fachwelt mit dem Begriff der »Feiertags-
didaktik« konfrontiert hat, beinhaltet ein solches Unterfangen
zwar ein erhöhtes Risiko, doch gehört wohl eine gewisse Ri-
sikobereitschaft zum Wesen eines Wissenschaftlers, und deshalb wird dieses Buch gewagt. Damit Leserinnen und Leser
sofort erfahren, worum es sich handelt, sei eine Definition
vorausgeschickt, die hoffentlich in ihrer Einfachheit besticht
und dennoch nachdenklich stimmt:

**Die Handlungsorientierte Didaktik versteht sich als
die Lehre vom Erwerb jener Qualifikationen und
Handlungskompetenzen, die angehende und praktizierende Lehrer zunehmend in die Lage versetzen,
einen humanen, demokratischen und effektiven Unterricht fach-, methoden- und sozialkompetent zu
planen, durchzuführen und auszuwerten.**

Dieser didaktische Ansatz konzentriert sich auf das zentrale
Handlungsfeld des Lehrers, auf den Unterricht, möchte den erlernbaren Bereich des Lehrens transparent machen, zum Qua-
lifikations- und Kompetenzerwerb anregen und die hierzu erforderlichen Handlungs- und Entscheidungshilfen bieten.

Aufgrund dieser Definition ergibt sich ein Neun-Felder-Schema, aus dem sich die zentralen Anliegen dieses Ansatzes sowie die Veröffentlichungen zur Handlungsorientierten Didaktik entnehmen lassen.

HANDLUNGSORIENTIERTE DIDAKTIK (HD)

Unterricht human, demokratisch, effektiv	fach-	methoden-	sozial- kompetent
planen	① *Fachdidaktiken*	② *Planung von Unterricht* Teil I der HD	③ *Lehrer lösen Konflikte* Teil IV der HD
durchführen	④ *Fachdidaktiken*	⑤ *Durchführung von Unterricht* Teil II der HD	⑥ *Lehrer lösen Konflikte* Teil IV der HD
auswerten	⑦ *Fachdidaktiken*	⑧ *Auswertung und Beurteilung von Unterricht* Teil III der HD	⑨ *Lehrer lösen Konflikte* Teil IV der HD

Hochschuldidaktisch betrachtet werden sich die Vertreter der Fachdidaktiken auf die Felder 1, 4 und 7 konzentrieren, Vertreter der Schulpädagogik auf die Felder 2, 5 und 8 sowie auf die Felder 3, 6 und 9 in Kooperation mit den Vertretern der Pädagogischen Psychologie.

Als Teil V der Handlungsorientierten Didaktik kann das Buch »Hausaufgaben kritisch sehen und die Praxis sinnvoll gestalten« betrachtet werden, das der Autor gemeinsam mit B. Kohler veröffentlicht hat. Diese Thematik, die ein Drittel aller Schülerlernzeiten umfaßt, ist wohl allen Feldern zuzuordnen.

Dies ist also ein erziehungswissenschaftlicher, insbesondere schulpädagogischer Ansatz, der sich auf die Durchführung von Unterricht konzentriert, und der deshalb bewußt darauf verzichtet, philosophische, theologische, historische, psychologische und soziologische Einsichten und Erkenntnisse möglichst in voller Breite und der gebotenen Tiefe zu integrieren. Auch verzichtet die Handlungsorientierte Didaktik an dieser Stelle auf die Darstellung von Querverbindungen zu schon vorliegenden didaktischen Ansätzen, wie z.b. zur bildungstheoretischen Didaktik im Kleid der kritisch-konstruktiven (W. Klafki), zur lehrtheoretischen (W. Schulz), zur kybernetisch-informationstheoretischen (F. v. Cube), zur curricularen (Chr. Möller) oder zur kritisch-kommunikativen Didaktik (R. Winkel), obgleich verschiedene Elemente dieser Didaktiken in dem hier darzustellenden Ansatz auftauchen, weil sich schließlich alle Ansätze mit dem Forschungsgegenstand »Unterricht« befassen. Es wäre reizvoll, die vielen Querverbindungen, Gemeinsamkeiten und Besonderheiten aufzuzeigen, die sich aus der Synopse ergeben, doch würde ein solches Vorgehen den Rahmen dieser Publikation sprengen. (Vgl. Gudjons/Teske/Winkel, 1987).

Zur Handlungsorientierten Didaktik wurden in den letzten Jahren mehrere Bücher veröffentlicht, die wahrscheinlich handlungsrelevante Informationen enthalten und deshalb viele Leser gefunden haben. Diese Veröffentlichungen mußten für theoriebewußte Studenten, Lehrer und Kollegen unbefriedigend bleiben, allein schon deshalb, weil das methodische Vorgehen dem vorherrschenden Wissenschaftsverständnis widersprach, demzufolge zuerst eine möglichst geschlossene Theorie zu entwickeln sei, welche dann in einem zweiten Schritt auf ihre Handlungsrelevanz überprüft werden muß. Deshalb wird nun versucht, jene Überlegungen offenzulegen, die zur Erarbeitung der Handlungsorientierten Didaktik geführt haben.

Nach einem Abriß zur Problemgeschichte werden die besonderen Anliegen Handlungsorientierter Didaktik herausgestellt. Es folgen Ausführungen zur Terminologie, denen sich Studienziele für eine handlungsorientierte Lehrerausbildung anschließen. Sodann wird ein mehrdimensionales Verfahren zur Unterrichtsanalyse vorgestellt, in dessen Mittelpunkt die Handlungs-, Ereignis- und Maßnahmenanalyse steht. Mit Hilfe dieser Vorarbeiten ist es möglich, eine Taxonomie von Handlungskompetenzen für den methodischen Bereich auszuweisen und die übergeordneten Anliegen Handlungsorientierter Didaktik – Humanisierung, Demokratisierung und Effektivierung – zu konkretisieren.

Die nachfolgenden Kapitel sind dem Qualifikations- und Kompetenzerwerb gewidmet. So werden Überlegungen zur Gestaltung von Studien- und Übungsunterlagen angestellt, es folgt ein Bericht über Kurse zur Kompetenzanbahnung in Großgruppen im Anschluß an Banduras sozial-kognitive Theorie, Kurse, die sich in den üblichen Rahmen der Lehrveranstaltungen einfügen lassen. Das Situative Lehrtraining wird einmal mehr als Methode des Kompetenzerwerbs bei günstigen Rahmenbedingungen vorgestellt, und es werden Vorschläge unterbreitet, wie sich der Qualifikations- und Kompetenzerwerb in den Praktika und im Referendariat, aber auch im Einzelstudium, mittels schülerorientierter Argumentation fördern läßt. Die Analyse des zentralen Handlungsfeldes führt zu einem Plädoyer für ein schulpädagogisches Basiscurriculum, und abschließend werden einige Einsichten und Erkenntnisse sowie offene Fragen angesprochen.

1. Zur Problemgeschichte Handlungsorientierter Didaktik

Ein didaktischer Ansatz, dessen Entwicklung und Erprobung 20 Jahre in Anspruch nahm, bezieht sich auf zahlreiche Autoren, Ansätze und Strömungen, von denen zumindest einige genannt bzw. skizziert werden sollen. Eine differenzierte Problemgeschichte bietet Stoff für eine gesonderte Publikation, und deshalb muß auf sie in diesem Zusammenhang verzichtet werden.

Die Handlungsorientierte Didaktik gründet sich auf das von *Zifreund* (1966) entwickelte *»Konzept für ein Training des Lehrverhaltens mit Fernseh-Aufzeichnungen in Kleingruppen-Seminaren«*. Die von Zifreund aufgestellte »Hypothese: Hochkomplexe Verhaltensmuster sind am ehesten erlernbar, wenn ihre Elemente zunächst isoliert verfügbar gemacht werden« (a.a.O., 1) ist für die Handlungsorientierte Didaktik insofern auch heute noch voll gültig, als es eines der Hauptanliegen des Ansatzes ist, die Frage zu beantworten, welches die Elemente sein könnten, die es zu isolieren und zu erwerben gilt.[4]

Einfluß auf die Handlungsorientierte Didaktik hat auch das von *Winnefeld* (1967) veröffentlichte Werk *»Pädagogischer Kontakt und pädagogisches Feld«*. Winnefeld erkannte wie Zifreund die Notwendigkeit, die »Faktorenkomplexion«, die unterrichtliches Handeln konstituiert, zu analysieren, um dann bedeutsame Handlungselemente ausgliedern zu können.[5]

Das von *Allen/Ryan* (1969) geschriebene Buch *»Microteaching«* folgt den um Problemreduktion bemühten Ansätzen und geht ebenfalls von einer weitgehenden Erlernbarkeit des Lehrens aus. Die beiden Autoren suchten eine erste Antwort auf die Frage nach den zu erwerbenden Teaching Skills oder

Handlungskompetenzen.[6] Und diese zentrale Frage möchte die Handlungsorientierte Didaktik zumindest vorläufig beantworten.

In jenen Jahren, in denen Zifreund und Allen/Ryan ihre Schriften veröffentlichten, befaßten sich zahlreiche Wissenschaftlicher am *Stanford Center for Research and Development in Teaching* mit der Beobachtung, Analyse und Darstellung spezifischer Teaching Skills und deren Erwerb. Diese Forschungsarbeiten (z.b. Aubertine 1964, Berliner 1968, Claus 1969, Johnson 1964, Knight 1970, J.J. Koran 1968, M.L. Koran 1969, Miltz 1971, Olivero 1964, Rosenshine 1968, Ryan 1966, Salomon 1968, Shutes 1969, Stein 1969, Wehmeyer 1966, Young 1967) zielten in die von Zifreund und Winnefeld verfolgte Richtung, problemreduzierend zu verfahren und bestimmte Lehrfertigkeiten systematisch zu trainieren. Die vorerwähnten Dissertationen, die zumeist von *N.L. Gage* und *F.J. McDonald* betreut worden sind, lassen allerdings keinen Bezugsrahmen, kein vergleichbares Design oder einen didaktischen Ansatz erkennen.[7]

Einen solchen Bezugsrahmen formaler Art lieferte R.E. Snow (1970) mit seinem »*Zirkel des heuristischen Lehrens*«. Das von Snow gebotene Modell mit seinen vier Schritten der Ereignisaufnahme (1), Ereignisanalyse (2), der Entscheidungsplanung (3) und des Entscheidungsvollzugs (4) hat die Entwicklungsarbeiten zur Handlungsorientierten Didaktik stark beeinflußt. So wird dieses Modell z.B. in Teil II (Durchführung von Unterricht) sichtbar, wenn die Studien- und Übungsunterlagen zum Erwerb spezifischer Handlungskompetenzen auf Ereignisse im Handlungsfeld aufmerksam machen (1), sodann diese Ereignisse analysiert (2) und Handlungsindikatoren bereitgestellt werden (3), für die sich der Lehrer eigenverantwortlich zu entscheiden hat (4). Deutlich wird der Einfluß Snows auch in Teil IV (Lehrer lösen Konflikte), wo zu einzelnen Problemkreisen typische Konfliktkonstellationen beschrieben werden (1), nach möglichen Ursachen gefragt wird (2), Leitlinien für ein mögliches Handeln bereitgestellt (3) und schließlich Entscheidungshilfen (4) gegeben werden.[8] Um die

18

Frage beantworten zu können, welche Verhaltensweisen zu beobachten, zu analysieren und welche Skills schließlich zu trainieren seien, versuchten *Baral/Snow* und *Allen* (1968) »*A Taxonomy of Teaching Behaviors*« zu entwickeln. Im Rahmen Handlungsorientierter Didaktik wird seit Jahren das gleiche Anliegen, den erlernbaren Bereich des Lehrens zu systematisieren, verfolgt (Becker 1975).

Von grundlegender Bedeutung für die Entwicklung Handlungsorientierter Didaktik waren die Arbeiten und Publikationen von *Borg* et al. (1970). Die Forschungsgruppe um Borg entwickelte am Far West Laboratory for Educational Research and Development in Berkeley *Minicourses*, Trainingskurse für die zweite Phase der Lehrerausbildung, in denen nicht einzelne Skills, sondern Skill-Cluster angeboten wurden. Diese Cluster-Technik findet sich in der Handlungsorientierten Didaktik in den Handlungsspektren, Handlungsstrukturen und Struktursequenzen wieder, auch wurde der Begriff des *Handlungsindikators* (behavior indicator) von Borg übernommen. Wie in der Forschungsgruppe um Borg wird im Rahmen Handlungsorientierter Didaktik immer wieder der Versuch unternommen, dem »Research and Development Cycle« zu folgen, d.h. die Anliegen der Forschung mit denen der Entwicklung zu verknüpfen und handlungsrelevante Forschungsergebnisse in die Studien- und Übungsunterlagen zu integrieren.[9]

In ähnlicher Weise wie das Minicourse-Konzept sind *interaktionsanalytische Ansätze* (Amidon/Hough 1967), dabei vor allem das Werk *Analyzing Teaching Behavior* von *Flanders* (1970), für die Handlungsorientierte Didaktik bedeutsam geworden. Flanders war bemüht, mit Hilfe seines interaktionsanalytischen Systems einen humanen und wirksamen Lehrstil zu finden. Er konzentrierte sich auf das beobachtbare Lehr- und Lernverhalten, und es gelang ihm, die positive Bedeutung einer eher indirekten Einflußnahme des Lehrers auf die Schüler nachzuweisen. Da jedoch bezweifelt werden muß, ob sich das gesamte Handlungsfeld eines Lehrers, das durch verschiedene Unterrichtskonzeptionen, völlig unterschiedliche Lehr-Lern-Handlungen, Lehr-Lern-Situationen, Situationsfolgen und durch immer wieder einmalige konfliktträchtige Ereignisse gekennzeichnet ist, über wenige interaktionsanalytische Kategorien ausreichend analysieren und transparent machen läßt, verfährt man im Rahmen Handlungsorientierter Didaktik zwar auch interaktionsanalytisch, konzentriert sich jedoch nicht auf den gesamten Prozeß, sondern auf typische Handlungen im methodischen Bereich. Auf diese Weise gewinnt man eine Vielzahl interaktionsanalytischer Kategorien, die als Handlungsindikatoren oder Leitlinien für das Handeln ausgewiesen werden. Die Technik der Situationsanalyse, welche für die handlungsorientierte Didaktik von zentraler Bedeutung ist, läßt sich somit auch aus interaktionsanalytischen Ansätzen herleiten.[10]

Wenn die Entstehung dieses didaktischen Ansatzes beschrieben wird, darf die *Popham-Studie* nicht unerwähnt bleiben, weil sie die Entwicklungsarbeiten maßgeblich beeinflußt hat (Popham 1971). Popham verglich die Lehreffektivität ausgebildeter Lehrer mit jener von interessierten Laien. Lehrer und Laien unterrichteten auf der Vor- und Nachtest-Basis vergleichbare Lerninhalte und strebten gleiche Ziele an. Eine Gegenüberstellung der Lernergebnisse ergab, daß jene Schüler, die von ausgebildeten Lehrern unterrichtet worden waren, nicht wesentlich mehr gelernt hatten als jene, deren Lehrer interessierte Laien gewesen waren. Das für die Lehrerausbildung bedrückende Ergebnis der Popham-Studie hat dazu geführt, alle Entwicklungsarbeiten zur Handlungsorientierten Didaktik auch unter dem Aspekt der Lehr-Lern-Effektivität zu betrachten. Und so wird immer wieder die Frage gestellt, über welche Qualifikationen und Handlungskompetenzen Lehrer verfügen sollten, damit sie eine höhere Lehr-Lern-Effektivität erzielen können. Wenn die Lernziele für eine handlungsorientierte Lehrerausbildung sowie die Taxonomie von Handlungskompetenzen für den methodischen Bereich zahlreiche Hinweise auf Ergebnisse der Lehr-Lern-Forschung (Bloom 1984, Walberg 1984) enthalten, geschieht dies im Bemühen um eine Effektivitätssteigerung.[11]

Wesentlich beeinflußt wurde die Handlungsorientierte Didaktik durch sog. *Performance* oder *Competency Based Teacher Education Programs* (P/CBTEP), Lehrerausbildungs- und Studienprogramme in den USA, die sich am Arbeitsfeld des Lehrers und an den wahrzunehmenden Lehraufgaben orientierten. Da diese Ausbildungsprogramme von Institution zu Institution stark variierten, die einzelnen Programme weder einer einheitlichen Terminologie noch einem stimmigen Aufbau folgten, kam die Übernahme eines Programms nicht in Frage. Dennoch wurde das Anliegen, ein handlungsorientiertes Studien- und Ausbildungsprogramm zu schaffen, aufgegriffen und über Jahre hinweg verfolgt (Becker 1973b). Heute bietet die Handlungsorientierte Didaktik eine schulpädagogische Studien- und Ausbildungskonzeption an, die sich konsequent an zu erwerbenden Qualifikationen und Kompetenzen orientiert, einen stimmigen Bezugsrahmen liefert, in einer einheitlichen Terminologie verfaßt ist, Studien- und Übungsunterlagen bereitstellt, die einem vergleichbaren Aufbau folgen und welche die Einarbeitung erleichtern. So entsprechen die Veröffentlichungen zur Handlungsorientierten Didaktik in ihrer Gesamtheit einem Performance/Competency Based Teacher Education Program, das sich allerdings nicht nur auf die Unterrichtsdurchführung beschränkt.

Des weiteren fühlt sich die Handlungsorientierte Didaktik der *Personalized Teacher Education* (PTE) (Peck 1970, Bekker 1973a) verpflichtet, die sich primär um eine Einstellungs- und Haltungsänderung sowie um die Persönlichkeitsentwicklung und -förderung bemüht. – Kenner beider Ansätze glauben, es müsse ein Pendel geben, das sich stets zwischen der Performance/Competency Based Teacher Education einerseits und der Personalized Teacher Education andererseits hin- und herzubewegen habe, und es sei Aufgabe einiger führender Erziehungswissenschaftler, dafür zu sorgen, daß dieses Pendel nie zur Ruhe kommt, damit immer wieder neue Projektanträge verfaßt werden können. Diese Argumentation zeigt deutlich, daß bei der Ausarbeitung didaktischer Ansätze jede Einseitigkeit vermieden werden sollte, weil sie angehenden Lehrern nie gerecht werden kann. Ein naives Lehrerausbildungsprogramm, das allein auf Kompetenzerwerb abzielt, ist deshalb ebenso abzulehnen wie das einseitige Bestreben, angehende Lehrer allein durch persönlichkeitsorientierte Ansätze (Mutzeck/Pallasch 1983) fördern zu wollen.

Beide vorgenannten Lehrerausbildungsprogramme können in fataler Weise apolitisch sein, und deshalb wird bei der Entwicklung und Darstellung der Studien- und Übungsunterlagen zur Handlungsorientierten Didaktik immer wieder versucht, die politische Dimension des Lehrberufs deutlich werden zu lassen. Lehrer sind nun einmal *Ideologieträger* – sie waren es im Kaiserreich, in der Weimarer Republik, in der Zeit des Nationalsozialismus und des real existierenden Sozialismus, sie sind es heute, und sie werden es künftig sein. Der Lehrberuf hat stets auch eine bedeutsame *gesellschaftspolitische Dimension*, die in die Zukunft weist und die nie in Vergessenheit geraten darf. (Flitner 1986). Die Handlungsorientierte Didaktik verfolgt die schwierige Aufgabe, zwischen Kompetenzerwerb und Persönlichkeitsbildung zu vermitteln, ohne die politische Dimension des Lehrerberufs aus den Augen zu verlieren. Deshalb ist das schulpädagogische Studien- und Ausbildungsprogramm Handlungsorientierter Didaktik so angelegt, daß sich ziemlich genau bestimmen läßt, welches die von Lehrern im Unterricht wahrzunehmenden politischen Funktionen sind.

Mit *Gage* (1972) wird in Zweifel gezogen, ob es jemals eine einzige verbindliche Unterrichtstheorie geben kann, es sei denn, man akzeptiert diese Negation als Theorieansatz. Die Vielzahl der höchst unterschiedlichen Lehr- und Lernfunktionen, die Lehrer und Schüler wahrzunehmen haben, läßt ein monistisches Denken nicht zu. Statt dessen erscheint es im Sinne von Gage sinnvoller, *Theorien des Lehrens und Lernens* zu entwickeln, die sich auf typische Lehr-Lern-Handlungen, Lehr-Lern-Situationen, Situationsfolgen, Lehr-Lern-Folgen oder Problemkreise beziehen. – Diese Überlegung macht deutlich, daß es für diesen didaktischen Ansatz keine umfassende theoretische Absicherung im Sinne einer geschlossenen Theorie geben kann und geben wird.

2. Die besonderen Anliegen Handlungsorientierter Didaktik

In diesem Kapitel werden fünfzehn Anliegen umschrieben, die mit diesem didaktischen Ansatz verfolgt werden:

1. besteht das besondere Anliegen Handlungsorientierter Didaktik darin, angehende Lehrer zunehmend zu befähigen, humane, demokratische und effektive Lehr-Lern-Prozesse fach-, methoden- und sozialkompetent zu planen, durchzuführen und auszuwerten. Aufgrund der Setzungen »human«, »demokratisch« und »effektiv« versteht sich dieser didaktische Ansatz auch als ein politischer.

2. möchte die Handlungsorientierte Didaktik angehenden Lehrern ein Studien- und Ausbildungsprogramm bieten, das sich auf die zentralen Aufgabenbereiche der Unterrichtsplanung, -durchführung und -auswertung bezieht und in einer einheitlichen allgemeinverständlichen Fachsprache abgefaßt ist.[12] Ein solches Studienprogramm soll angehenden Lehrern die Orientierung im Grundstudium und im Referendariat erleichtern.

3. wird die Ausbildung eines theoriebewußten und handlungskompetenten Lehrers angestrebt, denn der Erwerb von Qualifikationen und Handlungskompetenzen allein mündet in eine vordergründige Praxeologie, während umgekehrt den Schülern nicht gedient ist, wenn Lehrer zwar über ein beeindruckendes Problem- und Theoriebewußtsein verfügen, nicht aber in der Lage sind, ihre Einsichten und Erkenntnisse auf die Handlungsebene zu übertragen. Um eine theoriebewußte und handlungsorientierte Lehrerausbildung zu gewährleisten, sollen die

Studien- und Übungsunterlagen für neue Ergebnisse aus den Bereichen der Unterrichtswissenschaft und der Handlungsanalyse offengehalten werden.

4. besteht ein weiteres Anliegen Handlungsorientierter Didaktik in der Einführung eines mehrdimensionalen Verfahrens zur Unterrichtsanalyse, welches bedeutsame Variablen – allgemeine und konzeptionsspezifische Leitlinien, Unterrichtsplanung, die Person des Lehrers, einzelne Schüler, die Lerngruppe sowie den Umgang miteinander –, eine Anleitung zur Prozeßanalyse sowie zur Handlungs-, Ereignis- und Maßnahmenanalyse enthält und dessen Handhabung in kurzer Zeit von Studenten, Praktikanten oder Referendaren erlernt werden kann. Mit diesem Verfahren wird eine unterrichtszentrierte Sicht- und Arbeitsweise angestrebt, die den Schülern zugute kommen soll.

5. besteht ein erklärtes Ziel Handlungsorientierter Didaktik darin, die weitgehende Erlernbarkeit des Lehrens zu dokumentieren. Zu diesem Zweck werden für den methodischen und sozialen Bereich zahlreiche Studien- und Ausbildungsziele definiert, die dem Qualifikations- und Kompetenzerwerb dienen sollen. Das Lehren erscheint zwar so weiterhin als eine hochkomplexe Tätigkeit, doch wird mittels der Studien- und Übungsunterlagen versucht, möglichst konkret aufzuzeigen, worin diese Tätigkeit eigentlich besteht.[13]

6. wird mit einer Taxonomie von Handlungskompetenzen für den methodischen Bereich die Absicht verfolgt, die Aufgaben eines Lehrers im Unterricht in den Brennpunkt zu rücken, selbstverständlich erscheinende Lehrhandlungen – die prozeßbegleitenden Wahrnehmungsleistungen, die prozeßleitenden Handlungen, die prozeßbegleitenden Handlungen, das Handeln in Gesprächen und Diskussionen, bei der Vermittlung von Informationen und Präsentationen, bei der Anleitung und Betreuung von Schülern sowie bei der Sichtung der Lernergebnisse – hervorzuheben und eine Handlungsgrundlage zu schaffen.[14]

7. wird mit dem schulpädagogischen Studien- und Ausbildungsprogramm das Anliegen verfolgt, angehende Lehrer zum eigenständigen Qualifikations- und Kompetenzerwerb zu ermutigen. Das objektivierte Studien- und Ausbildungsmaterial, das sich auf normative Setzungen sowie auf Ergebnisse der Unterrichtswissenschaft und der Handlungsanalyse stützt, soll das Lernen durch Einsicht fördern und andere Formen des Lernerwerbs – wie das Lernen an Modellen (Ausbildungslehrern und Mentoren) und das Lernen durch Versuch und Irrtum – etwas zurücktreten lassen. Auf diese Weise wird für angehende Lehrer ein größerer Freiraum und eine verminderte Abhängigkeit von den Ausbildern angestrebt.

8. setzt sich die Handlungsorientierte Didaktik das Ziel, konkrete Hinweise auf Möglichkeiten des Qualifikations- und Kompetenzerwerbs zu geben. So werden Lehrveranstaltungen zur Kompetenzanbahnung vorgestellt, die in Großgruppen unter den üblichen Rahmenbedingungen an jeder Hochschule stattfinden können. Solche Kurse sollen der Ausweitung und Etablierung von Bewußtseinsinhalten bezüglich bedeutsamer Qualifikationen und Handlungskompetenzen dienen.

9. besteht ein weiteres Anliegen in der Empfehlung, unter günstigen Rahmenbedingungen auch an Lehrerausbildungs-Institutionen Kurse zum Situativen Lehrtraining anzubieten. Solche Kurse – mit oder ohne Video-Feedback – haben sich seit Jahren im Bereich der beruflichen Erwachsenenbildung bewährt, und sie sollten deshalb auch innerhalb der Lehrerausbildung stärker berücksichtigt werden.[15]

10. wird mit der Handlungsorientierten Didaktik die Hoffnung verknüpft, die schulpraktische Ausbildung sowie die diesbezüglichen Studien effektiver gestalten zu können. Praktikanten und Referendare können sich mit Hilfe der Studien- und Übungsunterlagen auf ihre Lehrversuche und Unterrichtsstunden vorbereiten, und Ausbildungslehrer und Mentoren haben die Möglichkeit, im

Verlauf der Nachbesprechungen auf die Studien- und Übungsunterlagen aufmerksam zu machen, sofern Handlungsdefizite zu verzeichnen sind, die es auszugleichen gilt.[16]

11. wird mit dem Studien- und Ausbildungsprogramm der Handlungsorientierten Didaktik das Ziel verfolgt, den Qualifikations- und Kompetenzerwerb durch eigenständige Bemühungen (7.), Lehrveranstaltungen zur Kompetenzanbahnung (8.), Situatives Lehrtraining (9.) sowie durch eine effektivere schulpraktische Ausbildung (10.) wesentlich zu beschleunigen, angehenden Lehrern Handlungsgrundlagen zu vermitteln und den Schülern überflüssige Experimente zu ersparen.[17]

12. ist es mit ein Anliegen Handlungsorientierter Didaktik, die Lehrer zur eigenständigen Handlungs-, Ereignis- und Maßnahmenanalyse zu befähigen, denn Lehrer werden im Berufsalltag immer wieder vor Aufgaben oder Probleme gestellt, die den Charakter der Einmaligkeit haben, vor Ereignisse, die in den Studien- und Übungsunterlagen nicht berücksichtigt werden konnten.[18]

13. möchte die Handlungsorientierte Didaktik einen Beitrag zur Identitätsfindung der Lehrer leisten. Angehörige anderer Berufsgruppen können zumeist mühelos ihre Funktionen beschreiben und ihre beruflichen Erfolge darstellen, was bei Lehrern, vor allem wenn sie mit leistungsschwachen Schülern zusammenarbeiten, nicht ohne weiteres möglich ist. Sind Lehrer jedoch im Sinne Handlungsorientierter Didaktik qualifiziert und kompetent, können sie sich auch Dritten gegenüber als Experten für Lehr- und Erziehungsfragen begreifen. Es ist zu hoffen und zu wünschen, daß eine solche Identitätsfindung mit zu jener emotionalen Ausgeglichenheit führt, die zur Wahrnehmung dieses schwierigen und anspruchsvollen Berufes unerläßlich erscheint.[19]

14. legt dieser didaktische Ansatz die Notwendigkeit eines schulpädagogischen Grundstudiums nahe. So wie kein anderer anspruchsvoller Studiengang auf mehrere einfüh-

rende Lehrveranstaltungen verzichten kann, erscheint an Lehrerausbildungs-Institutionen ein handlungsorientiertes schulpädagogisches Basiscurriculum überfällig; denn ohne eine fach-, methoden- und sozialkompetente Unterrichtsplanung, -durchführung und -auswertung ist nun einmal eine qualifizierte Berufsausübung nicht möglich.[20]

15. soll versucht werden, im Anschluß an eine Analyse des zentralen Handlungsfeldes die normativen Setzungen, wie sie mit der Forderung nach einem humanen, demokratischen und effektiven Unterricht gestellt worden sind, zu konkretisieren. Auf diese Weise bleiben sie keine leeren Worthülsen, sondern können immer wieder bei der Planung, Durchführung und Auswertung der Lehr-Lern-Prozesse berücksichtigt werden.[21]

3. Zur Terminologie Handlungsorientierter Didaktik

Eingangs wurde die *Handlungsorientierte Didaktik* als Lehre vom Erwerb jener Qualifikationen und Handlungskompetenzen definiert, die angehende und praktizierende Lehrer zunehmend in die Lage versetzen, einen humanen, demokratischen und effektiven Unterricht zu planen, durchzuführen und auszuwerten. Es ist das Verdienst von D. Wahl (1981, 18ff.), in Anlehnung an Aebli (1980) und Groeben (1986) den Handlungsbegriff hinterfragt zu haben. Die Handlungsorientierte Didaktik bezieht sich auf die Arbeit von Wahl und unterscheidet somit auch die Begriffstriade Handeln, Tun und Verhalten. Dem *Handeln* wird ein hoher Grad an Bewußtheit, Verantwortlichkeit und Zielgerichtetheit zugeschrieben, wobei es zwar als bewußt gesteuert, nicht aber als einseitig kognitionsgeleitet betrachtet wird, denn sonst würde dem Handeln jenes Engagement fehlen, welches dem Pädagogischen Bezug eigen ist.[22]

Erfahrungsgemäß werden im Verlauf beruflicher Sozialisation viele Handlungen internalisiert, so daß sie als Routinehandlungen, aber immer noch als sinnvolles, professionelles *Tun*, auftreten. Demgegenüber erscheint ein *Verhalten* unbewußt, unbegründet und ziellos, so daß ein Lehrer, der sich einfach nur verhält, nicht weiß, was er tut. Diese drei Begriffe haben allerdings Konstruktcharakter, lassen sich nicht ohne weiteres abgrenzen und sind im Hinblick auf die Ausübung einer Lehrtätigkeit in angemessenen Relationen zu sehen. Denn ein Lehrer erscheint gänzlich überfordert, wollte er bei vollem Deputat über 28 Wochenstunden hinweg stets nur handeln. Internalisierte Handlungen als sinnvolles Tun erscheinen unerläßlich, üben sie doch eine wesentliche Entlastungsfunktion aus. Und schließlich wird sich jeder Lehrer in bestimmten Lehr-Lern-Situationen, in denen er in den Hintergrund treten kann, auch einfach nur verhalten. – Eine Umkehrung des Gedankenganges macht allerdings deutlich, daß Lehrer, die sich einfach nur verhalten oder Routinehandlungen übernehmen und umsetzen, ihren Aufgaben nicht voll gerecht werden können, weil z.b. beim Erteilen von Arbeitsaufträgen oder bei Konfliktinterventionen ein Handeln unabdingbar erscheint.

Als *handlungsorientiert* wird dieser didaktische Ansatz bezeichnet, um Bereiche des Tuns und Verhaltens einzuschließen, den Ansatz nicht unangemessen zu überhöhen und angehende wie praktizierende Lehrer nicht abzuschrecken. Der Begriff der Handlungsorientierung impliziert Bewußtheit, welche eine erhöhte Wahrnehmungs- und Beobachtungsfähigkeit voraussetzt, die eine Bewußtseinserweiterung und -veränderung mit sich bringt. *Verantwortlichkeit* bedingt Mündigkeit des Lehrers sowie Orientierung an übergeordneten Zielen, Normen und Wertvorstellungen.[23] Und die *Zielgerichtetheit* deutet auf den Prozeßcharakter des Unterrichts hin, aber auch auf den Effektivitätsanspruch, den dieser Ansatz stellt.

Die Definition unterscheidet weiterhin zwischen *Qualifikationen* und *Handlungskompetenzen*, wobei erstere die Voraussetzungen für kompetentes Handeln darstellen, Voraussetzungen, die im Unterricht selbst sichtbar werden. Die Frage, was für Qualifikationen und Handlungskompetenzen erworben werden sollten, ist wohl die schwierigste und wichtigste Fragestellung überhaupt. Ihre Beantwortung ist u.a. abhängig von gesellschaftlich vorherrschenden Normen, politischen Einflüssen, Ergebnissen der Unterrichtsforschung, insbesondere der Handlungsanalyse, und dem Erfahrungshintergrund und Bewußtseinsstand desjenigen, der sich um eine Antwort bemüht. Deshalb kann die Antwort immer nur eine vorläufige sein, und sie bedarf fortwährend einer ideologiekritischen Betrachtung.[24]

Wenden wir uns den Begriffen *human, demokratisch* und

effektiv zu, so implizieren diese bedeutsame normative Setzungen. Da es keine wertfreie Erziehungs- oder Unterrichtswissenschaft geben kann, ist es weder möglich noch gewollt, einen wertfreien didaktischen Ansatz zu konzipieren.[25] Statt dessen sollen die zugrundeliegenden Wertvorstellungen offengelegt werden. Die Setzung *human* findet Entsprechungen in »kindgemäß« oder »schülerorientiert«, nur schwebt dieser Begriff nicht als ein Abstraktum mit geringem Aussagegehalt am didaktischen Horizont, sondern er läßt sich recht gut konkretisieren (vgl. S. 144).

Demokratie im Unterricht äußert sich u.a. im Umgang des Lehrers mit den Schülern, im Verzicht auf ungerechtfertigte Herrschaftsausübung und im Bestehen auf gerechtfertigt erscheinende Anforderungen, im Bemühen, die Beteiligungsspielräume der Schüler auszuschöpfen, metaunterrichtlich und metakommunikativ zu verfahren, die Interaktionen zwischen den Schülern zu fördern, den sozialen Lernzielen das ihnen zukommende Gewicht zu geben, die Konflikttoleranz der Schüler zu erhöhen, sie in der Konfliktaustragung zu schulen und demokratische Umgangsformen einzuüben.

Die Forderung nach einem *effektiven* Unterricht – nach dessen Ablauf bei Lehrern und Schülern das beglückende Gefühl zurückbleibt, kostbare Lebenszeit sinnvoll genutzt zu haben – läßt sich über Ergebnisse der Unterrichtsforschung und der Handlungsanalyse konkretisieren. So kann die Effektivität des Unterrichts durch die Wahl der bestmöglichen Unterrichtskonzeption gesteigert werden, wobei ein offener Unterricht im tutorialen System einem lernzielorientierten Unterricht überlegen erscheint, letzterer wiederum dem traditionellen Unterricht, in dem nicht konsequent zielorientiert verfahren wird.[26]

Daß es sich stets um ein Bemühen um einen humanen, demokratischen und effektiven Unterricht handeln wird, kennzeichnet auch der Begriff *zunehmend*, der deutlich machen will, daß sich Lehrer stets auf dem Weg befinden, sie selten das Ziel eines nahezu perfekten Unterrichts erreichen. Gleiches gilt übrigens auch für die Forderung nach einem fach-, methoden- und sozialkompetenten Unterricht: denn welcher

Lehrer wollte von sich schon behaupten, alle diese Forderungen stets zu erfüllen?[27]

Fachkompetenz äußert sich in einer überwiegend geistigen Durchdringung der Sache oder der Lerninhalte, um die es geht. Der fachkompetente Lehrer freut sich über Schülerfragen und regt zu Beiträgen an, und die Schüler haben das positive Gefühl, zumindest fachlich bei diesem Lehrer aufgehoben zu sein, der für sie eine Fachautorität darstellt. *Methodenkompetente* Lehrer verfügen über ein breites Repertoire an Handlungskompetenzen, sind in der Lage, Lehr-Lern-Folgen professionell zu planen, die Prozesse variabel und flexibel zu steuern und auszuwerten. *Sozialkompetenz* äußert sich schließlich in einem konstruktiven Umgang mit den Schülern, in einer positiven Beeinflussung des Lern- und Gruppenklimas, im Einplanen konfliktprophylaktischer Maßnahmen, in angemessenen Interventionen sowie der Fähigkeit zur Konfliktanalyse bei auftretenden Zentral- und Extremkonflikten.

Die Handlungsorientierte Didaktik konzentriert sich auf das *zentrale Handlungsfeld* des Lehrers, auf die Planung, Durchführung und Auswertung unterrichtlicher Prozesse. Neben diesem zentralen Handlungsfeld stehen *marginale* Handlungsfelder, die allerdings auf das zentrale Feld einwirken. So haben Lehrer nicht nur zu unterrichten, sondern sie kooperieren mit Kollegen, führen Hofaufsicht, verwalten Lehrmittelsammlungen, beraten sich mit Vorgesetzten, organisieren Aktivitäten des Schullebens, führen Elternsprechstunden durch oder nehmen an Fort- und Weiterbildungsveranstaltungen teil. Im außerschulischen Bereich erteilen sie Nachhilfeunterricht, geben Kurse an Volkshochschulen, sie produzieren Software, dirigieren Gesangvereine, trainieren Vereinsmannschaften, spielen Orgel, engagieren sich in politischen Parteien oder fungieren als Gemeinderat.[28]

Im Rahmen Handlungsorientierter Didaktik wird häufig als Synonym für Unterricht vom *Lehr-Lern-Prozeß* gesprochen, um zu betonen, daß es sich um einen Prozeß wechselseitiger Abhängigkeit und Verantwortung handelt, in dessen Verlauf Lehrer und Schüler immer wieder voneinander lernen. Soll diese wechselseitige Abhängigkeit hervorgehoben werden, geschieht dies durch Wortverbindungen wie Lehr-Lern-Konzeption, Lehr-Lern-Strategie, Lehr-Lern-Folge, Lehr-Lern-Inhalte, Lehr-Lern-Ziele, Lehr-Lern-Kontrollen, Lehr-Lern-Ergebnisse u.a.m.

Der hier darzustellende Ansatz ist aufgaben-, struktur- und *handlungsanalytisch*. Wer den erlernbaren Bereich des Lehrens und Erziehens transparent und – so weit es geht – verfügbar machen will, muß auf mehreren Ebenen strukturanalytisch verfahren. Die zuerst vollzogene Unterscheidung bezieht sich auf das zentrale Handlungsfeld »Unterricht« und die marginalen Handlungsfelder. Da Unterricht jedoch ganz verschieden aussehen kann, ist als nächstes die Frage nach der jeweiligen *Unterrichtskonzeption* zu stellen (vgl. Oblinger et al. 1986). Denn für einen offenen oder lernzielorientierten Unterricht, für einen Epochen- oder Projektunterricht ergeben sich ganz andere Gesichtspunkte.

Sodann erfolgt die Untergliederung in Planung, Durchführung und Auswertung von Unterricht, wobei sich letztere sowohl auf die Lern- als auch auf die Lehrleistungen bezieht. Um Unterricht realisieren zu können, bedarf es – von wenigen Ausnahmen abgesehen – eines Lehrers, am besten einer *Lehrerpersönlichkeit*, deren mitentscheidende Bedeutung nicht geleugnet wird und über die es sich lohnt, immer wieder nachzudenken.[29]

Da die Qualität der Lehr-Lern-Prozesse mit abhängig ist vom *Umgang mit den Schülern*, wird auch versucht, Ergebnisse der Lehr- und Erziehungsstilforschung einzubeziehen, Leitlinien, die geeignet erscheinen, das Lehrer-Schüler-Verhältnis konstruktiv zu gestalten.[30]

Im Bemühen um eine Aufgabenanalyse werden *Lernziele für eine handlungsorientierte Lehrerausbildung* definiert, d.h. es wird möglichst genau beschrieben, welche Qualifikationen und Handlungskompetenzen angehende Lehrer erwerben sollten, damit sie zunehmend in der Lage sind, fach-, methoden- und sozialkompetent zu lehren. Dabei kann auf die wichtige Komponente der Fachkompetenz immer wieder nur aufmerksam gemacht werden, da es nicht möglich ist, fachliche und fachdidaktische Überlegungen in diesen Ansatz einzubeziehen.[31]

Im Zentrum Handlungsorientierter Didaktik steht die *Taxonomie von Handlungskompetenzen für den methodischen Bereich*. Der Begriff der Taxonomie wurde in Anlehnung an schon existierende Ansätze (Bloom 1956, Glück 1973, Krathwohl 1964) auf anderen Gebieten gewählt. Eine aufgabenanalytische Betrachtung der von Lehrern im Unterricht wahrzunehmenden Funktionen führt zu einer relativ überschaubaren Gesamtstruktur, zu einem Klassifikationssystem oder zu einer Systematik der Funktionen. So lassen sich *prozeßbegleitende Wahrnehmungsleistungen* (z.B. zuhören), *prozeßleitende Handlungen* (z.B. motivieren), *prozeßbegleitende Handlungen* (z.B. auf Beiträge eingehen), der *Gesprächsbereich* (z.B. ein Ergebnis erarbeiten), der *Präsentationsbereich* (z.B. ein Märchen erzählen) und der *Anleitungsbereich* (z.B. zum Spiel anleiten, die Schüler betreuen, über das Spielgeschehen nachdenken) unterscheiden.

Eine strukturanalytische Betrachtung ergibt verschiedene Komplexitätsgrade, einfache Dyaden oder Lehr-Lern-Handlungen (z.B. Lehrerfrage – Schülerantwort), die sich als *Handlungsspektren* ausweisen lassen, typische Lehr-Lern-Situationen, bei denen sich *Handlungsstrukturen* abzeichnen (z.B. einen Sachverhalt demonstrieren) und Situationsfolgen oder Verknüpfungen mehrerer Subsituationen, die sich als *Struktursequenzen* darstellen (z.B. Hausaufgaben stellen, bei den Hausaufgaben betreuen, Hausaufgaben kontrollieren).

Das kleinste Handlungselement, das es wahrzunehmen, zu beobachten, zu isolieren, bewußt zu machen, zu erwerben und zu verinnerlichen gilt, wird *Handlungsindikator* genannt.[32] Er zeigt an, ob das Handeln einem professionellen Standard genügt und ob dieses Handeln den übergeordneten Anliegen dieses didaktischen Ansatzes entspricht. Handlungsindikatoren konstituieren die Lehr-Lern-Handlungen, die Handlungsstrukturen und die Struktursequenzen. Weiterhin lassen sich *grundlegende, mögliche* und *individuelle Handlungsindikatoren* unterscheiden. Erstere stellen die Basis für das berufliche Handeln dar, die möglichen Handlungsindikatoren zeichnen sich als methodische Möglichkeiten ab, und letztere sind Ausdruck einer besonderen Begabung oder Fähigkeit des betreffenden Lehrers.

Wie schon erwähnt, bemühen sich sozialkompetente Lehrer, mit ihren Schülern verständnisvoll umzugehen, ein günstiges Lern- und Gruppenklima zu schaffen, die Lehrer-Schüler-Beziehungen zu intensivieren und die für das Lehren und Lernen erforderliche soziale Ordnung zu wahren. In diesem Bereich zeigt sich besonders deutlich die wechselseitige Abhängigkeit von Lehrern und Schülern. Der soziale Aufgabenbereich läßt sich in die Teilbereiche der *Konfliktprophylaxe*, *-intervention*, und *-analyse* untergliedern.

Als *Konflikt* wird eine berufsfeldspezifische Auseinandersetzung, Belastung und/oder Schwierigkeit bezeichnet, die bei den beteiligten Personen eine emotionale Betroffenheit und Beeinträchtigung von unterschiedlicher Intensität hervorruft.[33] Nach dem Grad der Betroffenheit lassen sich Schein-, Rand-, Zentral- und Extremkonflikte unterscheiden. *Scheinkonflikte* führen nur zu einer momentanen Betroffenheit, *Randkonflikte* zu einer kurzzeitigen geringen Betroffenheit und Beeinträchtigung, *Zentralkonflikte* zu einer langzeitigen starken Betroffenheit und Beeinträchtigung, und *Extremkonflikte* führen zu einer sehr starken Betroffenheit und dauerhaften Beeinträchtigung.[34]

Versucht nun ein Lehrer, *konfliktprophylaktisch* zu verfahren, dann ergreift er zahlreiche Maßnahmen, die geeignet erscheinen, die Auftretenswahrscheinlichkeit von Auseinandersetzungen, Belastungen und Schwierigkeiten zu verringern. Eine konfliktprophylaktische Maßnahme ist u.a. auch die fach- und methodenkompetente Unterrichtsplanung, -durchführung und -auswertung.

Mit einer professionellen *Konfliktintervention* wird das Ziel verfolgt, das jeweilige Ereignis möglichst realistisch wahrzunehmen, die Relevanz einzuschätzen und sich Handlungsaufschub zu verschaffen, d.h. nicht blind zu reagieren, sondern so zu handeln, daß die Situation für alle Möglichkeiten der Konfliktbewältigung offenbleibt.[35]

Ein *konfliktanalytisches Vorgehen* bietet sich nur in Verbindung mit Zentral- oder Extremkonflikten an. Dabei kann allein, in Partner- oder in Kleingruppenarbeit mit Hilfe einer *Handlungsmatrix* der Konflikt unter Berücksichtigung der emotionalen Betroffenheit zielgerichtet bearbeitet werden, um in der begrenzt zur Verfügung stehenden Zeit ein vorläufiges Ergebnis zu erhalten, welches Entscheidungshilfen bietet. Das unterrichtliche Konfliktpotential wird verschiedenen *Problemkreisen* (z.b. aggressives Verhalten) zugeordnet, ohne daß jedoch ein struktur- oder handlungsanalytisches Vorgehen wie im methodischen Bereich möglich wäre. Die Einmaligkeit konfliktträchtiger Ereignisse läßt lediglich eine Zusammenfassung typischer Konfliktkonstellationen in Problemkreisen zu.

Diese Ausführungen zur Terminologie Handlungsorientierter Didaktik bleiben im Hinblick auf die verschiedenen Aufgabenbereiche (Teil I bis V) unvollständig, doch genügen sie vermutlich, um die Anliegen dieses Ansatzes nachvollziehen zu können.

4. Verfahren zur Unterrichtsanalyse

Dieses Verfahren ist für Praktikanten, Referendare, Ausbildungslehrer, Mentoren und alle jene Personen entwickelt worden, die konkret mit der Planung, Durchführung und Auswertung von Unterricht befaßt sind. Das Verfahren soll in erster Linie dem Qualifikations- und Kompetenzerwerb, also dem zentralen Anliegen Handlungsorientierter Didaktik, dienen. Wenn angehende Lehrer im Praktikum oder Referendariat unter den kritischen Augen von Experten unterrichten, möchten sie im Verlauf der Nachbesprechung gesagt bekommen, was nun besonders gut und was weniger gut war und wie sie bestimmte Handlungsdefizite ausgleichen können. – Mit allgemeinen Bemerkungen – »War schon ganz gut, machen Sie weiter so!« oder »Ihnen fehlt das mütterliche Element für eine Grundschullehrerin« – ist angehenden Lehrern nicht gedient.

Innerhalb des hier vorzustellenden Verfahrens werden zwei Vorgehensweisen unterschieden, einmal ein weitergefaßtes Vorgehen, das mehrere Dimensionen einschließt, und zum anderen ein enger gefaßtes Vorgehen, welches sich auf die Prozeßanalyse, die Handlungs-, Ereignis- und Maßnahmenanalyse konzentriert.

Das weiter gefaßte Vorgehen bezieht sich auf die Dimension der Leitlinien (L) für einen qualifizierten Unterricht, auf die Unterrichtsplanung (UP), die Person (P) des Lehrers, die Schüler und die Gruppe (S), auf den Umgang (U) zwischen dem Lehrer und seinen Schülern, die Durchführung (D) und die Analyse und Auswertung (A) des Unterrichts.

Das enger gefaßte Vorgehen rückt die Durchführungsdimension (D) in den Mittelpunkt, den Lehr-Lern-Prozeß, die methodischen Handlungen, die sozialen Ereignisse und die organisatorischen Maßnahmen. Wenden wir uns zuerst dem weiter gefaßten mehrdimensionalen Vorgehen zu:

Leitlinien (L)
Wer professionell Unterricht planen, durchführen und auswerten möchte, sollte sich Rechenschaft hinsichtlich jener Leitlinien ablegen, die im Unterricht zu verfolgen sind. Leitlinien sind nicht mit festgeschriebenen Unterrichtsprinzipien gleichzusetzen. Sie werden zwar in der Regel verfolgt, in Ausnahmefällen aber auch verlassen.[36] Dabei gibt es allgemeine, institutionelle, konzeptionelle, fach- und sachspezifische Leitlinien. Die allgemeinen Leitlinien für einen qualifizierten Unterricht, die sich z.b. mit Adjektiven wie kindgemäß, anschaulich, abwechslungsreich, gegliedert, gestuft usw. umschreiben lassen, sind noch am ehesten mit sog. Kriterien vergleichbar, nur haben sie einen zu geringen Aussagegehalt, um handlungsrelevant werden zu können. Institutionelle Leitlinien ergeben sich aus den Besonderheiten der jeweiligen Schule sowie aus den Rahmenbedingungen, unter denen der Unterricht stattfinden kann. Der Unterricht an einer Grundschule im ländlichen Raum, einer städtischen Grundschule mit hohem Ausländeranteil, einer Haupt-, Real- oder Sonderschule, einem humanistischen Gymnasium oder an einem Landerziehungsheim steht unter besonderen Zielsetzungen, denen es zu folgen gilt. – Konzeptionelle Leitlinien ergeben sich aufgrund allgemeiner didaktischer Überlegungen, die z.B. einen offenen Unterricht, einen lernzielorientierten Unterricht, einen fächerübergreifenden oder einen Projektunterricht kennzeichnen. Und schließlich zeigen sich Leitlinien in Verbindung mit bestimmten Fächern und Lerninhalten.

Unterrichtsplanung (UP)
Als zweite Dimension ist die Art und Intensität der Unterrichtsplanung und -vorbereitung in Betracht zu ziehen. Lehranfänger sollten auf eine Sachanalyse, eine didaktische Analyse und auf eine Verlaufsplanung, welche die beabsichtigte

Lehr-Lern-Folge aufzeigt, nicht verzichten. Nur wer im Hinblick auf ein bestimmtes Unterrichtsvorhaben wirklich fach-, methoden- und sozialkompetent ist, kann es sich leisten, den Unterricht nicht zu planen. Die vorbereitenden organisatorischen Maßnahmen, z.b. für den Medieneinsatz, sind in jedem Fall zu treffen.

Person des Lehrers/der Lehrerin (P)
Mit der dritten Dimension kommt die Person des Lehrers oder die sog. Lehrerpersönlichkeit ins Spiel. Es gibt nun einmal besondere Merkmale, Begabungen, Einstellungen und Haltungen, Fähigkeiten und Fertigkeiten, die in ihrer Gesamtheit zu günstigen oder weniger günstigen Lehrvoraussetzungen führen. Diese Dimension sollte deshalb bei Lehranfängern berücksichtigt werden, weil sich diese oft die Frage stellen, ob sie sich überhaupt für den Lehrberuf eignen.[37] In diesem Zusammenhang empfiehlt sich eine Beschränkung auf wirklich bedeutsame Variablen – wie z.b. emotionale Ausgeglichenheit, Engagement, Flexibilität, Humor – und der Verzicht auf fragwürdige Charaktergutachten.

Schüler (S)
Die vierte Dimension bezieht sich auf die Schüler, auf deren Merkmale und Begabungen, Einstellungen und Haltungen, Fähigkeiten und Fertigkeiten, auf das Sozialverhalten einzelner Schüler, auf das Verhalten der Lerngruppe und auf den gruppendynamischen Prozeß. Die Schülerdimension zeigt sehr deutlich die Abhängigkeit des Lehrers von den Schülern, was häufig zu der Frage führt, wer nun eigentlich beobachtet, analysiert, eingeschätzt, bewertet und – bei Prüfungslehrproben – benotet werden soll, der angehende Lehrer oder die Schüler? – Diese Dimension macht deutlich, daß eine Unterrichtsanalyse ohne Kenntnis der Lernvoraussetzungen wenig sinnvoll erscheint.

Umgang (U)
Als fünfte Dimension ist der Umgang des Lehrers mit seinen Schülern zu nennen, der Lehr- und Erziehungsstil, welcher die

Lehrer-Schüler-Beziehungen sowie das Lern- und Gruppenklima beeinflußt. Diese Umgangsvariable zielt auf den sozialen Bereich und wirkt sich ständig auf den methodischen Bereich aus, sie bestimmt letztlich die Lehr-Lern-Atmosphäre und die affektive Dimension des Unterrichts.

Durchführung (D)
Innerhalb der Durchführungsdimension ist zwischen dem zu beobachtenden Lehr-Lern-Prozeß, also dem Unterricht in seinem zeitlichen Verlauf, und den einzelnen methodischen Handlungen, sozialen Ereignissen und organisatorischen Maßnahmen zu unterscheiden. In jedem Fall sollte der Beurteiler den Lehr-Lern-Prozeß in einem Verlaufsprotokoll festhalten, damit er sich in der Auswertungsphase auf eine Prozeßrekonstruktion beziehen kann.[38] Und in ein solches Protokoll sind auch die bedeutsam erscheinenden Handlungen, Ereignisse und Maßnahmen aufzunehmen, die es später anzusprechen gilt.

Analyse und Auswertung (A)
Bei einer weitergefaßten Unterrichtsanalyse können nun im Verlauf der Nachbesprechung alle hier angeführten Dimensionen zur Sprache kommen, die Leitlinien, die Planung, die Lehrerpersönlichkeit, die einzelnen Schüler und die Gruppe, der Umgang miteinander, der Prozeß sowie bestimmte methodische Handlungen, soziale Ereignisse oder organisatorische Maßnahmen. Wenn Praktikanten und Ausbildungslehrer, Referendare und Mentoren über längere Zeit kontinuierlich zusammenarbeiten, haben sie sich bezüglich einiger Dimensionen verständigt, und dann ist es nicht mehr erforderlich, immer wieder über Leitlinien, die Art und Weise der Planung etc. zu sprechen, d.h. einige Dimensionen können entfallen, und es besteht nun die Möglichkeit, sich ganz auf die Prozeßanalyse, die Handlungs-, Ereignis- und Maßnahmenanalyse zu konzentrieren.

Und damit kommen wir zum enger gefaßten Vorgehen, zum besonderen Anliegen Handlungsorientierter Didaktik. Wer im

Unterricht hospitiert, den Lehr-Lern-Prozeß wahrnimmt, Lehrer und Schüler beim Lehren und Lernen beobachtet, nach, stimmig erscheinenden Umschreibungen sucht und diese zu Protokoll nimmt, der wird Handlungen, Ereignisse und Maßnahmen von unterschiedlicher Komplexität erkennen, ganz einfache interaktionale Konstellationen, Handlungsstrukturen und schließlich aufeinanderfolgende Strukturen, sog. Struktursequenzen. Diese Konstellationen unterschiedlicher Komplexität lassen sich schwerpunktmäßig im methodischen, sozialen oder organisatorischen Bereich ansiedeln. Bei dieser Betrachtung ergibt sich das nebenstehende Neun-Felder-Schema zur Handlungs-, Ereignis- und Maßnahmenanalyse.

Feld 1 dieses Schemas bezieht sich auf einfache Lehrer-Schüler-Interaktionen im methodischen Bereich. Dazu einige Beispiele:

– Schüler liefern verschiedene Beiträge, der Lehrer antwortet, indem er »genau«,»genau«,»genau« ... sagt. – Der Protokollant wird diese stereotypen Lern-Lehr-Handlungen als solche vermerken. In der Nachbesprechung läßt sich ein Handlungsspektrum aufzeigen, das geeignet erscheint, Schülerbeiträge angemessen zu bewerten.
– Der Lehrer stellt immer wieder Fragen auf der Kenntnisebene, welche nur einige gutwillige Schüler beantworten, während sich die anderen langweilen. – Diese Lehr-Lern-Handlungen werden festgehalten, die Fragen wörtlich mitgeschrieben. Bei der Auswertung besteht nun die Möglichkeit, aufzuzeigen, wie sich auch anspruchsvollere Frage- und Problemstellungen in den Prozeß einbringen lassen.
– Die Schüler stellen mehrere Fragen, die der Lehrer unbeantwortet läßt. – Der Protokollant schreibt die Schülerfragen mit und vermerkt die Art des Lehrverhaltens. Im Verlauf der Analyse läßt sich das Handlungsspektrum »auf Schülerfragen eingehen« verdeutlichen. In diesem Fall wäre auch darüber nachzudenken, wie nachteilig sich ein solches Lehrverhalten auf die Fragehaltung der Schüler auswirkt.

VERFAHREN ZUR HANDLUNGS-, EREIGNIS- UND MASSNAHMENANALYSE

Interaktionale Konstellationen	Methodische Handlungen	Soziale Ereignisse	Organisatorische Maßnahmen
Handlungen Dyaden	① Lehr-Lern-Handlungen H	④ Konfliktträchtige Ereignisse KE	⑦ Organisatorische Einzelmaßnahmen OE
Situationen Strukturen	② Lehr-Lern-Situationen S	⑤ Konfliktträchtige Situationen KS	⑧ Organisatorische Situationen OS
Situationsfolgen Struktursequenzen	③ Situationsfolgen SF	⑥ Konfliktträchtige Situationsfolgen KSF	⑨ Organisatorische Situationsfolgen OSF

Feld 2 bezieht sich auf komplexere Lehr-Lern-Situationen im methodischen Bereich, die über eine Handlungsstruktur verfügen.
- Der Lehrer fordert die Schüler auf, im Gespräch über früher gemachte Erfahrungen zu einem Thema zu berichten, und er steuert den Gesprächsablauf überwiegend nonverbal. – Diese Gesprächssituation weist eine spezifische Handlungsstruktur auf, die transparent gemacht werden kann, und dem Lehrer können konkrete Hinweise zu seinem Handeln gegeben werden.
- Ein Schüler stellt eine Frage, und der Lehrer versucht, ihm mit Hilfe einer Zeichnung eine Antwort zu geben. – Diese Schüler-Lehrer-Interaktion ist ebenfalls verhältnismäßig komplex. Sie beinhaltet die Handlungsstruktur »Sachverhalte mit Hilfe von Zeichnungen erklären«, läßt sich ziemlich exakt fassen und optimieren.
- In einem Gespräch werden zwei gegensätzliche Positionen vertreten, die unvereinbar erscheinen. Der Lehrer nimmt dies zum Anlaß, eine Pro-Kontra-Diskussion führen zu lassen. – Diese Diskussionssituation enthält eine Handlungsstruktur, deren Elemente isoliert verfügbar gemacht werden können. In der Nachbesprechung läßt sich diese Diskussionssituation in den Brennpunkt rücken, und es lassen sich konkrete Handlungshilfen geben.

Feld 3 beinhaltet Situationsfolgen im fachlich-methodischen Bereich, also die Abfolge mehrerer Subsituationen, die insgesamt eine Struktursequenz bilden.
- Ein Lehrer stellt einen Arbeitsauftrag, er betreut die Schüler bei der Arbeit und läßt schließlich die Ergebnisse sichten. – Hier handelt es sich um eine besonders bedeutsame Situationsfolge, die aus drei Subsituationen, einer sog. Tertiade, besteht: Auftrag stellen – Schüler betreuen – Ergebnisse sichten lassen. – Jede dieser Subsituationen läßt sich wiederum herausgreifen, analysieren und prospektiv optimieren, wobei natürlich auf die Übergänge und auf den Gesamtzusammenhang zu achten ist.

– Ein Lehrer leitet die Schüler zu einem Rollenspiel an, läßt die Schüler spielen, gibt dabei einige Spielhilfen und wertet dann mit den Schülern das Spielgeschehen aus. – Auch diese Tertiade »Zum Spiel anleiten – beim Spiel betreuen – das Spielgeschehen auswerten« läßt sich mit ihren Subsituationen und Teilstrukturen genauer betrachten. So kann man z.b. darüber nachdenken, ob die Spielhilfen angemessen und welche anderen Möglichkeiten der Steuerung gegeben waren.

– Der Lehrer stellt Hausaufgaben – welche die Schüler eigentlich zu Hause zu erledigen haben –, und dann werden die Hausaufgabenergebnisse am nächsten Schultag kontrolliert. – Diese Tertiade entspricht weitgehend der erstbeschriebenen, mit dem Unterschied, daß die Arbeitsphase ohne Unterstützung des Lehrers vollzogen werden soll. Im Verlauf der Nachbesprechung lohnt es sich z.b. darüber nachzudenken, ob die Aufgabenstellung diesem Anspruch gerecht wurde.

Feld 4 bezieht sich auf konfliktträchtige Ereignisse im sozialen Bereich:

– Während einer Arbeitsphase gähnt ein Schüler und sagt: »Wieder mal Null-Bock!«. Die Mitschüler lachen, der Lehrer zeigt sich überrascht, ignoriert die Bemerkung, und der Prozeß läuft weiter. Dieses punktuell auftretende Ereignis von geringer Konfliktrelevanz ist typisch für viele andere vergleichbare Ereignisse, durch welche die Schüler eine mangelnde Leistungsbereitschaft zeigen. Nun lassen sich im Verlauf einer Nachbesprechung Möglichkeiten der Intervention aufzeigen.

– Ein Schüler schlägt seinem Mitschüler das Lineal über den Kopf. Der so behandelte schreit kurz auf, wendet sich aber sofort wieder seiner Arbeit zu. – Hier handelt es sich um ein häufig auftretendes konfliktträchtiges Ereignis, an dem der Lehrer nur indirekt beteiligt ist. Für Konfliktkonstellationen dieser Art können wiederum Entscheidungshilfen bereitgestellt werden.

– Eine etwas antriebsschwache Schülerin erklärt dem Lehrer, sie habe die Hausaufgaben vergessen. Der Lehrer seufzt und bemerkt: «Wenn ich Dir doch nur glauben könnte!« und läßt die Angelegenheit auf sich beruhen. – Dieses konfliktträchtige Ereignis kann Anlaß sein, über die Problematik von Hausaufgaben zu diskutieren, über den heimlichen Lehrplan und den Zwang einiger Schüler, nach Ausreden suchen zu müssen.

Feld 5 markiert konfliktträchtige Situationen und ihre Konfliktstrukturen:
– Eine Schülerin stöhnt während einer Arbeitsphase:»Null Bock!« Die Mitschüler pflichten ihr bei, und es entsteht eine allgemeine Unruhe. Der Lehrer wartet noch ab, da meldet sich der Klassensprecher und sagt:»Sie hören es doch selbst, wir haben heute alle keine Lust!« – Dies ist eine Konfliktsituation mit einer Struktur, die verschiedene Elemente in sich birgt, offene und verdeckte, wie vielleicht eine fragwürdige Zielsetzung, eine fehlende Lernzielbegründung, fehlende motivationale Anreize u.a.m. Diese Konfliktsituation kann z.B. zum Anlaß genommen werden, über die Ursachen von Schulunlust und Schulmüdigkeit nachzudenken.
– Ein Schüler schlägt seinem Mitschüler das Lineal über den Kopf. Dieser ergreift das Heft des Angreifers und zerreißt es. Der Geschädigte gibt nun wiederum seinem Mitschüler einen Nasenstüber. Die Nase blutet, die ganze Klasse wird in helle Aufregung versetzt, und der Lehrer muß nun eingreifen. – Auch dieses Beispiel beinhaltet eine Konfliktsituation mit einer Konfliktstruktur, die aggressives Verhalten zwischen Schülern zum Inhalt hat. In der Nachbesprechung können z.B. Möglichkeiten des Handlungsaufschubs bedacht und Hypothesen zur Verursachung gebildet werden.
– Große Pause. Eine Lehrerin führt Hofaufsicht, eine Referendarin schließt sich ihr an. Sie achten u.a. auch darauf, daß die Schüler den Schulhof aus Sicherheitsgründen nicht

verlassen. Sie beobachten, wie sich einige ältere Schüler vom Schulgelände entfernen und dieses bei Pausenende mit Tüten und Tragetaschen wieder betreten. Die aufsichtführende Lehrerin und die Referendarin gehen auf die Schüler zu, stellen diese zur Rede und bekommen die Antwort: »Wir mußten ein paar Einkäufe machen.« – Diese schulische Konfliktsituation ist ein typisches Beispiel für Regelüberschreitungen, wie sie innerhalb und außerhalb des Unterrichts immer wieder vorkommen. In der Ausbildungssituation läßt sich nun mit der Referendarin über den Sinn von Schulordnungen, die Setzung von Regeln, deren Einhaltung bzw. Nichteinhaltung durch die Schüler sowie über Interventionsmöglichkeiten nachdenken.

Feld 6 bezieht sich auf konfliktträchtige Situationsfolgen, wobei es sich hier um Ereignisse und Situationen handelt, die miteinander in Beziehung stehen.
— Der Schüler eines 2. Schuljahres steigt wieder einmal plötzlich auf seinen Stuhl und fängt an zu singen, was sich fürchterlich anhört. Die Mitschüler rufen entsetzt: »Nein, Markus, nicht schon wieder!" Nachdem Markus sein Lied beendet hat, kehrt für wenige Minuten Ruhe ein. Doch nun beginnt Markus Hund zu spielen, indem er auf allen Vieren durch das Klassenzimmer springt, an seinen Mitschülern schnuppert und laut bellt. Alle werden bei der Arbeit gestört und fordern »den Hund« auf, Platz zu nehmen. Dieser folgt schließlich, nachdem ihm ein Frühstücksbrot mit Wurst angeboten worden ist. Für wenige Minuten können sich die Schüler wieder ihren Arbeiten zuwenden, doch dann springt der »Hund« wieder auf, verläßt das Klassenzimmer und setzt sein Spiel auf dem Gang fort. Von dort ist nun lautes Bellen zu hören, das auch in die anderen Klassenzimmer dringt. Anschließend stattet der »Hund Markus« der Nachbarklasse einen Besuch ab. – Dies ist eine konfliktträchtige Situationsfolge für den Bereich stark abweichenden Verhaltens, auf den in einer Auswertungsphase Bezug genommen werden müßte. In diesem Zusammen-

hang wäre wohl die Frage zu diskutieren, welche Verhaltensweisen noch bzw. nicht mehr den Mitschülern und Lehrern zugemutet werden können, welche pädagogischen Maßnahmen und Therapieansätze zur Verfügung stehen u.a.m.

Feld 7 bezieht sich auf organisatorische Einzelmaßnahmen, die punktuell auftreten und im Lehr-Lern-Prozeß eher beiläufig in Erscheinung treten.
- Der Lehrer öffnet das Fenster.
- Der Lehrer schaltet den Overheadprojektor ein.
- Zwei Schüler teilen die Arbeitsblätter aus.

Feld 8 wird durch organisatorische Situationen belegt, die mehr Zeit als die Einzelmaßnahmen in Anspruch nehmen und komplexer sind.
- Eine Lehrerin läßt im ersten Schuljahr einen Stuhlkreis bilden, weil sie den Schülern ein Märchen erzählen möchte.
- Ein Film soll gezeigt werden. Das Gerät wird herbeigeschafft, an das Netz angeschlossen, der Streifen eingelegt, der Raum abgedunkelt, eine Leinwand ausgefahren, und einige Schüler setzen sich um, damit sie der Vorführung besser folgen können.
- Die Schüler wollen Vogelhäuschen für die Winterfütterung bauen. Nachdem sie mit dem Lehrer über ihren Plan gesprochen, Skizzen gefertigt und über ein mögliches Vorgehen diskutiert haben, treffen sie gemeinsam die Arbeitsvorbereitungen, schaffen Holz herbei, wählen Werkzeuge aus, verteilen sich jeweils zu zweit auf die vorhandenen Werkbänke u.a.m.

Feld 9 beinhaltet organisatorische Situationsfolgen, d.h. eine Abfolge organisatorischer Einzelmaßnahmen und Situationen, wie sie z.b. für Kleingruppenarbeit typisch ist.
- Eine Lehrerin läßt über die Kleingruppenbildung beraten und diese vollziehen, die Sitzordnung verändern, damit sich die Kleingruppen gegenseitig möglichst wenig stören,

Arbeitsmaterial für die einzelnen Kleingruppen austeilen, die Auswertungsphase vorbereiten, indem sie den einzelnen Kleingruppen bestimmte Tafelflächen zuordnet oder Overheadfolien verteilt ...

Alle organisatorischen Maßnahmen, die Einzelmaßnahmen, die Situationen und Situationsfolgen, können für die Unterrichtsdurchführung bedeutsam sein. Sie sind in Verbindung mit der Zielsetzung des Unterrichts zu sehen und stehen in enger Beziehung zu den prozeßleitenden Handlungen. Sie haben Einfluß auf die Lehr-Lern-Tempi und die Flüssigkeit der Lehr-Lern-Prozesse. Sie können die internen Rahmenbedingungen positiv verändern, das Lehr-Lern-Vermögen erhöhen und so die Lehr-Lern-Effektivität steigern.

Wie bei fast jeder Kategorienbildung ergeben sich auch in diesem Neun-Felder-Schema Abgrenzungsschwierigkeiten, die sich bei näherer Betrachtung als Übergänge erweisen.[39] Gibt beispielsweise ein Geschichtslehrer den Schülern eine Lernhilfe, indem er eine Geschichtszahl nennt, dann handelt es sich um eine Lehr-Lern-Handlung. Stellt er diese Zahl jedoch in einen größeren Zusammenhang, erklärt er den Schülern nochmals, wie es zu diesem Ereignis kam, dann geht die Lehr-Lern-Handlung in die Lehr-Lern-Situation »Erklären eines Sachverhalts« über. Läßt er zu diesem Sachverhalt einen Quellentext lesen und fordert er anschließend die Schüler zu einer Stellungnahme auf, wird aus der Situation eine prozeßorientierte Situationsfolge mit den Subsituationen: Lernhilfe geben – Sachverhalt erklären – Quellentext lesen lassen – zu Stellungnahmen auffordern.

Übergänge zeigen sich innerhalb des Neun-Felder-Schemas nicht nur in der Vertikalen, sondern auch in der Horizontalen, wenn z.B. aus einer methodischen Handlung ein soziales Ereignis wird oder umgekehrt. Für eine solche Transition ist jene Situationsfolge typisch, in der mit den Schülern ein Rollenspiel durchgeführt wird: Zum Rollenspiel anleiten – die Schüler betreuen – das Spielgeschehen auswerten.

Da es beim Spiel immer wieder zu Streitigkeiten kommt, geht die methodische Subsituation »die Schüler betreuen« manchmal in eine Konfliktsituation über.

Neben den Übergängen von einfacher strukturierten zu komplexeren Handlungen sowie den Transitionen von methodischen Handlungen zu sozialen Ereignissen oder orgaisatorischen Maßnahmen hat ein Handlungsanalytiker die Multifunktionalität zu durchschauen und zu berücksichtigen. Letztere tritt immer dann auf, wenn Handlungen, Ereignisse oder Maßnahmen mehrere Aufgaben gleichzeitig erfüllen. Dazu einige Beispiele:

– Wenn ein Lehrer einen Sachverhalt mit Hilfe einer Zeichnung erklärt, dann werden in dieser Lehr-Lern-Situation zuerst einmal Informationen übermittelt. Gleichzeitig kann der Lehrer aber auch die Schüler zum Lernen anregen und so Beiträge und Schülerfragen provozieren.
– Sofern sich Grundschüler eine heiße Schneeballschlacht mit Eisbällen liefern, eine Schlacht, die im Klassenzimmer wortreich weitergeführt wird, zeichnet sich eine konfliktträchtige Situationsfolge ab, die wahrscheinlich auf dem Nachhauseweg ihre Fortsetzung erfährt. Doch die Konfliktsituation, in welcher Anschuldigungen erhoben werden und darüber gestritten wird, wer nun die ersten Eisbälle geformt und geworfen haben mag, kann auch Anlaß sein, darüber nachzudenken, wie eine Schneeballschlacht aussehen müßte, damit sie allen Kindern Spaß macht. Ein solches Bewertungs- und Beurteilungsgespräch enthält metakommunikative Elemente und kann zugleich einer Diktat- oder Aufsatzvorbereitung dienen.
– Wenn ein Lehrer zur Überraschung seiner Schüler ein Kleintier mitbringt und dieses präsentiert, kann der Hamster Goldi allgemein zum Lernen anregen, Fragen provozieren und Schüler auffordern, über ihre Vorerfahrungen mit Hamstern zu berichten. Die Präsentation des Hamsters Goldi führt also zu einer bemerkenswerten Multifunktionalität, die es zu durchschauen gilt.

Trotz sich abzeichnender Übergänge von einfach strukturierten Handlungen, Ereignissen und Maßnahmen zu komplexeren, trotz Akzentverschiebungen vom methodischen zum sozialen oder organisatorischen Bereich sowie der Multifunktionalität, lassen sich über Wahrnehmungs- und Beobachtungsprozesse die bedeutsam erscheinenden methodischen Handlungen – H, S, SF –, die sozialen Ereignisse – KE, KS, KSF – und organisatorischen Maßnahmen – OE, OS, OSF – benennen und in einem Verlaufsprotokoll festhalten, mit dessen Hilfe der zurückliegende Lehr-Lern-Prozeß für alle Beteiligten möglichst verständlich rekonstruiert werden kann. Ein solches Protokoll kann andeutungsweise so aussehen, wie es das Beispiel auf der nächsten Seite zeigt.

Konzentrieren sich nun Lehrender und Experte auf das Anliegen des Qualifikations- und Kompetenzerwerbs, werden sie die allgemeinen Dimensionen im Gespräch nur kurz streifen, um dann handlungs-, ereignis- und maßnahmenanalytisch vorzugehen. Um den angehenden Lehrer zunehmend zur eigenständigen Handlungs-, Ereignis- und Maßnahmenanalyse zu befähigen, erscheint aus der Sicht des Experten Zurückhaltung angebracht. Was gemeinsam als sinnvoll erkannt wird, kann positiv vermerkt und abgehakt werden, was kritikwürdig erscheint, bedarf der Analyse, bis sich Handlungs- und Entscheidungshilfen für künftig zu erwartende ähnliche Handlungen, Ereignisse oder Maßnahmen abzeichnen. Sofern der Experte die Studien- und Übungsunterlagen zur Handlungsorientierten Didaktik kennt, genügt oftmals ein Hinweis auf dort ausgewiesene Qualifikationen oder Kompetenzen. Und schließlich wird der Fachmann bei jenen Ereignissen auf Handlungs- und Entscheidungshilfen verzichten, bei denen auch bei ihm Ratlosigkeit zurückbleibt.

FORMBLATT FÜR DIE UNTERRICHTSANALYSE

Fach: Biologie **Thema:** Organspende **Schüler:** 7. Klasse Gym.

Zeit und Ort: 14.4.1990, Audiovisuelles Zentrum der Pädagogischen Hochschule Heidelberg

Lehrender: Becker[40]

L (Leitlinien – allgemeine, institutionelle, konzeptionelle, fach- und sachspezifische Leitlinien)

....

....

UP (Unterrichtsplanung und -vorbereitung – Sachanalyse, didaktische Analyse, Verlaufsplanung)

....

....

P (Person des Lehrers/ der Lehrerin – Merkmale, Einstellungen, Eigenschaften)

U (Umgang)

S (Schüler/Gruppe – Merkmale, Einstellungen, Eigenschaften)

....

....

....

D (Durchführung – methodische Handlungen, soziale Ereignisse, organisatorische Maßnahmen)

S1 (Situation 1) ....

... .

... .

... .

... .

... .

Sn ....

A (Analyse und Auswertung – Fähigkeiten zur Selbsteinschätzung, Kritikfähigkeit, Problembewußtsein)

5. Studien- und Übungsziele für eine handlungsorientierte Lehrerausbildung

5.1 Methodischer Bereich

Die nachstehend genannten Studien- und Übungsziele beziehen sich auf das zentrale Handlungsfeld des Lehrers, auf den methodischen Bereich der Unterrichtsplanung, -durchführung und -auswertung, auf den sozialen Bereich der Konfliktprophylaxe, der -intervention und -analyse sowie auf die Hausaufgabenproblematik. Dies ist ein schulpädagogischer Überblick, und deshalb können Einsichten und Erkenntnisse aus den Nachbardisziplinen der Allgemeinen Pädagogik und der Pädagogischen Psychologie nur unzureichend berücksichtigt werden.

5.1.1 Ziele zur Unterrichtsplanung
Publikation: Planung von Unterricht

Angehende Lehrer sollten
- die politische Dimension der Unterrichtsplanung erkennen, da keine Regierung darauf verzichtet, übergeordnete Lehr- und Erziehungsziele vorzugeben, um so das jeweilige Gesellschaftssystem in seinem Fortbestand abzusichern.[41]
- sich einen Normen- und Wertehorizont erarbeiten, um gegenüber Schülern, Eltern, Kollegen und Vorgesetzten die Lehr- und Erziehungsziele begründen zu können (Flitner 1986). Übergeordnete Lehr- und Erziehungsziele können z.b. sein:[42]

»Die Schule soll
- Wissen, Fertigkeiten und Fähigkeiten vermitteln,
- zu selbständigem kritischem Urteil, eigenverantwortlichem Handeln und schöpferischer Tätigkeit befähigen,
- zu Freiheit und Demokratie erziehen,
- zu Toleranz, Achtung vor der Würde des anderen Menschen und Respekt vor anderen Überzeugungen erziehen,
- friedliche Gesinnung im Geist der Völkerverständigung wecken,
- ethische Normen sowie kulturelle und religiöse Werte verständlich machen,
- die Bereitschaft zu sozialem Handeln und zu politischer Verantwortlichkeit wecken,
- zur Wahrnehmung von Rechten und Pflichten in der Gesellschaft befähigen,
- über die Bedingungen der Arbeitswelt orientieren.«
(KMK-Beschl. Nr. 824, 25.5.1973. In: KMK 1982, Erg. L. 44, S. 2f.)
- die Entstehung von Bildungsplänen durchschauen und die politischen Implikationen erkennen.
- jene Funktionen durchschauen, die Arbeitspläne zu erfüllen haben - z.b. Berücksichtigung örtlicher Gegebenheiten und besonderer Lernvoraussetzungen, Orientierung für den Lehrer, für Krankheitsvertreter, Kollegen und Vorgesetzte -, und sich in der Erstellung solcher Pläne üben.[43]
- erkennen, daß Planung, Durchführung und Auswertung des Unterrichts miteinander in Beziehung stehen und Ergebnisse der Unterrichtsanalyse bei einer erneuten Planung zu berücksichtigen sind.[44]
- erkennen, daß nach dem gegenwärtigen Stand der Unterrichtswissenschaft ein schüler- und lernzielorientierter Unterricht besonders effektiv erscheint (Bloom 1984).
- die Notwendigkeit einer Unterrichtsplanung erkennen, da geplanter Unterricht meist qualifizierter als ein ungeplanter ist und nur fach-, methoden und sozialkompetente Lehrer ausnahmsweise auf eine Planung verzichten können.
- erkennen, daß die Planung nie voll der Durchführung ent-

sprechen kann, weil Lehrer und Schüler im Lehr-Lern-Prozeß als selbstreferentielle Systeme wirken, die sich verändern und verändert werden (Kröll 1989).[45]

- die Bedeutung institutioneller Vorgaben – z.b. besondere Lehrpläne, Lage der Schule, Versorgung der Schule mit Lehrern, Größe und Zusammensetzung der Lerngruppen, bauliche Gegebenheiten, Medienausstattung, Einzugsgebiet – erkennen, um sie bei der Planung berücksichtigen zu können.

- erfahren, daß Unterricht ganz verschiedenen Konzeptionen – z.b. offener Unterricht, lernzielorientierter Unterricht, fächerübergreifender Unterricht, Epochenunterricht, Projektunterricht – folgen kann, und daß deshalb konzeptionelle Leitlinien bei der Planung zu berücksichtigen sind.

- zwischen einer Stundenskizze (Allgemeine Angaben, Lernziele, geplante Lehrhandlungen, erwartete Schüleraktivitäten) und einem Unterrichtsentwurf (Allgemeine Angaben, Sachanalyse, didaktische Analyse, Ziele, Lehrhandlungen, Schüleraktivitäten, Kommentar) unterscheiden lernen und sich in der Fertigung von Skizzen und Entwürfen üben.[46]

- erkennen, daß sich eine Vorbereitung und Planung in thematischen Sinneinheiten, also in Unterrichtseinheiten, die sich über mehrere Stunden erstrecken, anbietet und daß die Planung von Einzelstunden die Ausnahme darstellt.

- die Aufgabe der Unterrichtsvorbereitung und -planung als die Vorbereitung auf einen gemeinsam zu durchlaufenden Prozeß begreifen, um sich so eine Planungsflexibilität zu bewahren.[47]

- versuchen, die Schüler an der Planung zu beteiligen, deren Beteiligungsspielräume auszuschöpfen, um so die gemeinsame Verantwortung für den Lehr-Lern-Prozeß hervorzuheben (Schulz 1980).

- verschiedene Lernzielbereiche – kognitiver, affektiver, psychomotorischer Bereich – kennen, um Einseitigkeit vermeiden und bei der Planung Akzente setzen zu können.

- die Taxonomie von Lernzielen für den kognitiven Bereich (Bloom 1986) kennen, um mit den sechs Lernzielebenen –

Kenntnisse, Verstehen, Anwendung, Analyse, Synthese, Bewertung – umgehen und den Schwierigkeitsgrad von Lernaufgaben ansatzweise durchschauen zu können.

- die Taxonomie von Lernzielen für den affektiven Bereich (Krathwohl 1975) kennen, um mit den fünf Lernzielebenen – aufmerksam werden, reagieren, bewerten, einordnen, durch Werte bestimmt sein – umgehen und die affektive Dimension besser berücksichtigen zu können.
- die psychomotorischen Bedürfnisse – nicht nur der Grundschüler – erkennen und nach Möglichkeit bei der Planung berücksichtigen.
- die Form divergenter Produktion kennen, um kreative Prozesse einplanen und anregen zu können (Guilford 1964).
- sich mit Problemlöse-Strategien vertraut machen – z.b. Wechsel von reproduktiver, divergenter, konvergenter und evaluativer Produktion –, um bewußt verschiedene Problemstellungen formulieren und bei der Planung berücksichtigen zu können.
- über entwicklungs- und lernpsychologische Einsichten verfügen, um die Schüler z.b. von der enaktiven Ebene über die ikonische zur symbolischen Ebene führen zu können.
- die Möglichkeiten und Grenzen des exemplarischen Prinzips erkennen, um selbiges bei der Auswahl der Inhalte und Ziele berücksichtigen und Transferaufgaben einplanen zu können (Wagenschein 1959).
- die entdeckenlassende Lehr-Lern-Strategie (Bruner) von der expositorischen (Ausubel) unterscheiden, um die eine oder andere Strategie bei der Planung bewußt berücksichtigen zu können (Eigler et al. 1985).
- entdeckenlassende Lehr-Lern-Prozesse in ihrer formalen Bedeutung erkennen, damit Schüler Gelegenheiten erhalten, die Lernwege selbst ausfindig zu machen (Schräder-Naef 1978).
- die Bedeutung entdeckenlassender Lehr-Lern-Prozesse für eine Erziehung zur Mündigkeit erkennen, um dieses übergeordnete Ziel über die Methode bewußter verfolgen zu können.

- die Fragwürdigkeit einer Verabsolutierung von Artikulationsschemata durchschauen und auf die durchgängige Anwendung eines Schemas (Grell/Grell 1990) verzichten.
- den Wert einer Sachanalyse erkennen und sich im Rahmen der Unterrichtsplanung möglichst sachkundig machen – d.h. einlesen, die Sache analysieren, strukturieren, bedeutsam erscheinende Elemente herausarbeiten, Beziehungen zu anderen Sachen und Fachgebieten herstellen –, um so möglichst fachkompetent unterrichten zu können.
- zwischen der Sachanalyse eines Experten und der didaktischen Analyse eines Lehrers unterscheiden können, um zahlreiche Schlüsselfragen für eine didaktische Analyse verfügbar zu haben (Becker 1990. In: Reinert/Petersen 1990, Klafki 1985).
- sich die Frage nach den internen Rahmenbedingungen – Zeit, Ort, Raumausstattung, Sitzordnung, Medienträger etc. – beantworten, um diese bei der Planung berücksichtigen zu können.
- sich die Frage nach den zu vermutenden Lernvoraussetzungen – besondere Begabungen, familiale, soziale, kulturelle, motivationale, gruppale, kognitive, affektive, psychomotorische, arbeitstechnische, feinmotorische und sprachliche Voraussetzungen – stellen und diese sorgfältig einschätzen, um Über- oder Unterforderungen möglichst zu vermeiden.
- bei der Planung behinderte Schüler berücksichtigen und in Planungsüberlegungen einbeziehen (Feuser/Meyer 1986).
- sich überlegen, wie die für das Lehrvorhaben benötigten Vorkenntnisse aktualisiert werden können, damit auch leistungsschwache Schüler dem Unterricht von Beginn an folgen können (Weinert/Ziclinski 1977).
- Möglichkeiten der Lernmotivierung in Betracht ziehen und versuchen, eine möglichst optimale Auswahl zu treffen, um so ein relativ hohes prozeßüberdauerndes Motivationsniveau schaffen zu können.
- Teillernziele formulieren und nach Frage- und Problemstellungen suchen, mit deren Hilfe sich diese Ziele vermutlich erreichen lassen.

- sich Informationen über die zur Verfügung stehenden Medien verschaffen, diese ideologiekritisch hinterfragen und eine begründete Medienwahl treffen.
- sich die Fragen beantworten, welche Funktion(en) das ausgewählte Medium erfüllen kann und zu welchem Zeitpunkt der Medieneinsatz sinnvoll erscheint.
- sich fragen, ob es zweckmäßig erscheint, ein Medium selbst zu produzieren, und sich in der Anfertigung üben, sofern diese Frage unter dem Gesichtspunkt der Medienökonomie positiv beantwortet werden kann.
- sich bei der Unterrichtsplanung und -vorbereitung selbstkritisch überlegen, ob sie in der Lage sind, bestimmte Aufgaben kompetent wahrzunehmen, um sich gegebenenfalls im Erklären, Vorlesen, Erzählen, Zeichnen etc. zu üben.
- sich fragen, welche Lernwiderstände auftreten können und wie sich minimale Lernhilfen einplanen lassen, um die Lernchancen der Schüler zu wahren (Aebli 1983).
- zur Formulierung der Arbeitsaufträge das Operationalisierungskonzept kennen, das danach fragt, welche Schüler was für eine Lernaufgabe in welcher Zeit unter welchen Bedingungen mit welchen Mitteln in welcher Sozialform in welcher Qualität leisten sollen, um realistische Erwartungen an die Schüler richten und die Bearbeitungszeiten kalkulieren zu können.
- Möglichkeiten zur Binnendifferenzierung in Betracht ziehen und Differenzierungskriterien kennen – z.B. Lernleistungen, Lerntempi, Interessen –, um diese bei der Aufgabenformulierung berücksichtigen zu können.
- einen Zusammenhang zwischen der Formulierung von Arbeitsaufträgen und der entdeckenlassenden bzw. expositorischen Lehr-Lern-Strategie herstellen, um so bewußt Arbeitsaufträge formulieren zu können, welche die Schüler in ihrem Lernverhalten kaum bzw. weitgehend festlegen.[48]
- den Stellenwert verschiedener Sozialformen – Einzel-, Partner-, Kleingruppenarbeit sowie Arbeit mit der gesamten Lerngruppe – kennen, um einen Wechsel bewußt einplanen und soziale Lernziele ansteuern zu können.

- Erfolgskontrollen einplanen, damit Lehrer und Schüler erkennen, was gelehrt und gelernt worden ist und wo sich noch Lehr-Lern-Lücken auftun (Eigler/Straka 1978).
- im Hinblick auf bestimmte Problemschüler oder -gruppen konfliktprophylaktische Maßnahmen kennen, um sie bei der Unterrichtsplanung berücksichtigen zu können (Becker 1988, Kounin 1976).[49]
- Leitlinien für eine sinnvolle Hausaufgabenpraxis kennen, um diese bei der Planung berücksichtigen zu können (Becker/Kohler 1988, Kohler 1991).[50]
- in der Lage sein, auf der Grundlage der angestellten Überlegungen Lehr-Lern-Folgen zu planen, die einem professionellen Standard genügen und voraussichtlich einen humanen, demokratischen und effektiven Lehr-Lern-Prozeß gewährleisten.
- das Konzept des lückenschließenden Lehrens und Lernens kennen, um es bei einer erneuten Planung berücksichtigen zu können (Eigler/Straka, a.a.O.).
- erkennen, daß sich in den verschiedenen Stadien der beruflichen Sozialisation – Praktikum, Referendariat, Stadium eines Junglehrers und eines erfahrenen Lehrers – die Aufgabe der Unterrichtsplanung unterschiedlich darstellt.
- weitere Ziele anstreben ...

5.1.2 Ziele zur Unterrichtsdurchführung
Publikation: Durchführung von Unterricht

Angehende Lehrer sollten
- die Lehr-Lern-Prozesse den allgemeinen *Leitlinien* eines qualifizierten Unterrichts entsprechend steuern können.[51]
- konzeptionsspezifische Leitlinien – z.B. offener Unterricht, lernzielorientierter Unterricht, fächerübergreifender Unterricht, Projektunterricht – im Prozeß berücksichtigen.[52]
- fachspezifische Leitlinien berücksichtigen, die der jeweiligen Sache angemessen erscheinen.[53]
- bedeutsame Lehr- und Erziehungsziele verfolgen, von de-

nen sie selbst überzeugt sind, und die sie gegenüber den Schülern begründen können.[54]

- das Sprachvermögen der Schüler berücksichtigen, um durch Verständlichkeit die Lehr-Lern-Erfolge zu erhöhen.[55]
- die Interaktionen zwischen den Schülern fördern können, um ihnen Chancen zum sozialen Lernen zu bieten.
- immer wieder Lernanreize schaffen, um die Schüler zu aktivieren und zu motivieren.
- die Lehrtempi nach den Lerntempi ausrichten und erforderlichenfalls Differenzierungsmaßnahmen ergreifen können, um einige Schüler nicht ständig zu über- bzw. zu unterfordern.[56]
- die Prozesse abwechslungsreich gestalten, um die Aufmerksamkeit und die Konzentrationsfähigkeit der Schüler zu erhöhen.[57]
- sich überschneidende Lernaktivitäten tolerieren und parallel laufende Lernprozesse betreuen können.[58]
- erforderlichenfalls in geeigneter Weise mit den Schülern über den Prozeß sprechen, um so die gemeinsame Verantwortung zu betonen.[59]
- im Prozeß variabel verfahren und – sofern es sinnvoll erscheint – die Ziele und die Aktivitäten verändern können.[60]
- auf unvorhersehbare Ereignisse angemessen und flexibel antworten.[61]
- die internen Rahmenbedingungen – Sitzordnung, optische, akustische und klimatische Verhältnisse – so verändern, daß sie den jeweiligen Aktivitäten entgegenkommen.[62]
- die Prozesse deutlich gliedern können, um den Schülern die Einordnung des Gelernten zu erleichtern.[63]
- im Prozeß immer wieder Erfolgskontrollen durchführen, wenn davon ausgegangen werden kann, daß bedeutsame Lehr-Lern-Ziele erreicht worden sind.
- die Bedeutung der Lehrerpersönlichkeit erkennen und relativieren.[64]
- sich um emotionale Ausgeglichenheit bemühen, um auf die vielen Überraschungen und konfliktträchtigen Ereignisse möglichst gelassen und humorvoll antworten zu können.[65]

58

- sich engagieren und den Schülern zu verstehen geben, daß sie sich für deren Lernerfolge interessieren.
- den Mut aufbringen, gerechtfertigt erscheinende Anforderungen zu stellen.[66]
- in der Lage sein, schon beim Betreten des Unterrichtsraumes das Lern- und Gruppenklima sensibel zu erfassen, um den *Umgang* mit den Schülern durch geeignet erscheinende Maßnahmen konstruktiv gestalten zu können.[67]
- sich bemühen, jeden Schüler kennenzulernen, um im Prozeß die Lernvoraussetzungen und Interessen besser berücksichtigen zu können.[68]
- die eigenen Erwartungshaltungen offenlegen, damit sich auch die Schüler auf den Lehrer einstellen können.[69]
- sich bemühen, möglichst konsequent zu verfahren, damit die Schüler nicht laufend verunsichert werden.[70]
- sich bemühen, den Schülern möglichst vorurteilsfrei zu begegnen, um nicht durch grobe Ungerechtigkeiten die Lehrer-Schüler-Beziehungen und die Lehr-Lern-Atmosphäre zu belasten.
- sich den Schülern gegenüber offen und natürlich geben und dabei doch eine förderliche Distanz wahren.
- sich den Schülern gegenüber solidarisch verhalten, solange dies möglich ist.[71]
- den Schülern mit Verständnis und Geduld begegnen und ihnen einen Mündigkeitsvorschuß einräumen.[72]
- im Umgang mit den Schülern eher indirekt verfahren, aber dort, wo es erforderlich ist, auch mal sehr direkt (Flanders 1970).
- versuchen, die Lehrer- und Schüleraktivitäten möglichst realistisch *aufzufassen*, um die Prozesse sensibel und selbstkritisch steuern zu können.[73]
- in der Lage sein, die Schüler beim Lernen zu beobachten, auch Lernbemühungen einzelner Schüler zu registrieren, um ihnen helfen zu können.
- den Schülern zuhören, um im Prozeß zentrale Aufgaben kompetent wahrnehmen zu können.
- über ein breites Repertoire *prozeßleitender Handlungen*

verfügen, um Lernprozesse anregen, aufrechterhalten, auf
Ziele hinlenken und Erfolge kontrollieren zu können.[74]

- in der Lage sein, erforderliche Vorkenntnisse in geeigneter
  Form zu aktualisieren (Weinert/Zielinski 1977).
- ein breites Handlungsspektrum kennen, das sie in die Lage
  versetzt, Schüler zum Lernen zu motivieren.
- ein differenziertes Spektrum an Handlungen und Maßnahmen kennen, um Schüler zum Weiterlernen ermutigen zu
  können.
- ein umfangreiches Spektrum an Kontrollmöglichkeiten
  kennen, um Lehr-Lern-Erfolge ökonomisch überprüfen zu
  können.
- sich bedeutsamer *prozeßbegleitender Handlungen und
  Maßnahmen* bewußt sein, um im Prozeß flexibel und variabel agieren und reagieren zu können.[75]
- die Bedeutung der Lehrerfragen erkennen und über ein ka-
  tegoriales System zur Einordnung derselben verfügen –
  z.B. Fragen, die Kenntnisse abrufen, zu konvergenter, divergenter oder evaluativer Produktion anregen, zur Weiter-
  führung oder zur Organisation der Prozesse –, um so die eigenen Fragen hinterfragen zu können.
- über ein breites Handlungsspektrum verfügen, um Schüler
  zum Fragen anzuregen.
- über ein differenziertes Handlungsspektrum an Lernhilfen
  verfügen, um diese im Lehr-Lern-Prozeß dosieren und die
  Lernchancen der Schüler wahren zu können (Aebli 1983,
  Kohler 1991).
- über ein breites Handlungsspektrum verfügen, um auf
  Schülerbeiträge eingehen zu können.
- ein umfangreiches Handlungsspektrum kennen, das ihnen
  ermöglicht, Schülerfragen angemessen zu beantworten.
- über ein breites Handlungsspektrum verfügen, um Schülerbeiträge, -fragen und -leistungen möglichst differenziert
  bewerten zu können.[77]
- in der Lage sein, *Gespräche und Diskussionen* professionell zu leiten.[78]
- ein Handlungsspektrum kennen und anwenden können, das

60

geeignet ist, die Gesprächsfähigkeit der Schüler untereinander zu fördern.

- sich der Möglichkeiten nonverbaler Kommunikation bewußt sein, um Gespräche auch zeitweise überwiegend nonverbal steuern zu können (Heidemann 1983).[79]
- Gespräche zur Aktualisierung der Vorkenntnisse leiten können.[80]
- mit den Schülern im Gespräch ein bestimmtes Ergebnis erarbeiten können.
- in der Lage sein, die Schüler im Gespräch zu divergenter
Produktion anzuregen.
- die Schüler im Gespräch in geeigneter Weise zu evaluativer
Produktion anregen, also bestimmte Ereignisse oder Sachverhalte bewerten lassen.
- die Schüler im Gespräch Probleme klären und lösen lassen
können.[81]
- fähig sein, gegensätzliche Positionen aufgreifen oder einbringen und von den Schülern diskutieren zu lassen.[82]
- verschiedene Sichtweisen aufgreifen oder aufzeigen und
durch die Schüler diskutieren lassen können.[83]
- mit den Schülern in geeigneter Form über den Unterricht
sprechen, d.h. retrospektiv, im Hier und Jetzt oder prospektiv metaunterrichtlich verfahren.[84]
- mit Schülern – aber auch mit Eltern, Kollegen oder Vorgesetzten – Einzelgespräche führen können.[85]
- mit Schülern und Eltern Beratungsgespräche führen können (Weißbach 1988).
- *Informationen* möglichst verständlich *vermitteln* und *Sachverhalte* optimal *präsentieren* können.[86]
- Texte so vorlesen, daß ihr Inhalt von den Schülern aufge
faßt werden kann.[87]
- Begebenheiten – Erlebnisse, Märchen, Sagen, Gleichnisse,
Legenden – anschaulich erzählen können.[88]
- fähig sein, Kurzvorträge zu halten, welche die Schüler
nicht überfordern.
- Erklärungsversuche der Schüler durchschauen und selbst
Sachverhalte verständlich erklären können (Miltz 1971).

- Sachverhalte mit Hilfe von Zeichnungen erklären können, um so die Prozesse anschaulicher zu gestalten.
- Sachverhalte mit Hilfe von Objekten verständlich demonstrieren können.
- in der Lage sein, Informationen mit Hilfe technischer Medien zu übermitteln, dabei den Prozeß flüssig zu gestalten und den Medieneinsatz in den Prozeß zu integrieren.
- die Schüler *anleiten, betreuen* und die *Lernergebnisse sichten* lassen.[90]
- bestimmte Dinge vormachen – z.b. vorsingen, vorturnen, vortanzen, vorspielen, vorschreiben, vorlesen, vorzeichnen, vorrechnen – und die Schüler zur Nachahmung anregen können (Aebli 1983).
- notwendige Hausaufgaben schülergemäß stellen – evtl. Schüler bei den Hausaufgaben betreuen – und die Ergebnisse sichten und kontrollieren.[91]
- Arbeitsaufträge formulieren, einbringen, die Schüler in Arbeitsphasen betreuen und zur Sichtung der Ergebnisse anleiten.[92]
- die Schüler zum Üben anleiten, beim Üben betreuen und zur Sichtung der Übungsergebnisse anleiten.
- die Schüler zum Experimentieren anleiten, Schülerexperimente betreuen und die Ergebnisse sichten lassen.
- die Schüler zum Spielen anleiten, die Schüler beim Spielen betreuen und das Spielgeschehen auswerten.
- die Schüler zur Einzelarbeit anleiten, sie bei der Arbeit betreuen und ihnen bei der Sichtung der Ergebnisse helfen.
- die Schüler zur Partnerarbeit anleiten, sie bei der Arbeit betreuen und ihnen bei der Sichtung der Ergebnisse helfen.
- die Schüler zur Kleingruppenarbeit anleiten, sie bei der Arbeit betreuen und ihnen bei der Sichtung der Ergebnisse helfen.
- weitere Ziele anstreben ...

5.1.3 Ziele zur Auswertung und Beurteilung von Unterricht
Publikation: Auswertung und Beurteilung von Unterricht

5.1.3.1 Lernleistungen

Angehende Lehrer sollten
- die gesellschaftliche Relevanz schulischer Leistungen innerhalb einer Leistungsgesellschaft erkennen und diese hinterfragen.[93]
- den Wert eines Schülers nicht nur über dessen Schulleistungen definieren, sondern letztere relativieren.[94]
- zwischen Erfolgskontrollen und Leistungsbeurteilungen unterscheiden und deren Funktionen durchschauen lernen.
- sich jener Faktoren bewußt werden, die für das Zustandekommen schulischer Leistungen mit ausschlaggebend sein können, um so einseitige Ursachenzuschreibungen zu vermeiden.
- den Zusammenhang zwischen Lern- und Lehrleistungen erkennen und sich für die Lernleistungen mitverantwortlich fühlen, ohne die Schüler aus der Eigenverantwortung zu entlassen.
- die »Fragwürdigkeit der Zensurengebung« (Ingenkamp 1977) erkennen und Zensuren nicht überbewerten.
- die Fragwürdigkeit von Ziffernnoten und deren Interpretation durchschauen, um sie relativieren zu können.
- angstreduzierende Maßnahmen im Vorfeld von Klassenarbeiten kennen und anwenden können.
- jenes Maßnahmenspektrum kennen und anwenden, welches den Schülern die gezielte Vorbereitung auf eine Klassenarbeit ermöglicht.
- eine Vielzahl möglicher Aufgabenarten kennen, um diese variieren zu können.
- zwischen geschlossenen und offeneren Aufgabenformen unterscheiden, um von den Schülern bewußt die Lösung beider Formen fordern zu können.

63

- bei der Aufgabenformulierung besonders sorgfältig und problembewußt verfahren, damit bei der Testdurchführung, der Korrektur und der Rückgabe Auseinandersetzungen und Schwierigkeiten minimiert werden.
- die Anordnung einzelner Aufgaben innerhalb eines Tests begründen können, um Schwächen bei der Zusammenstellung möglichst zu vermeiden.
- jene Situationen, in denen Klassenarbeiten geschrieben werden, so gestalten, daß es möglichst allen Schülern gelingt, ihre optimale Leistung zu erbringen.
- sich bei der Korrektur möglicher Beurteilungsfehler bewußt sein, um so wenigstens einige Fehler vermeiden zu können.
- verschiedene Auswertungs- und Beurteilungsnormen kennen, um auf eine pädagogisch verantwortbare Norm zurückgreifen zu können.[95]
- erkennen, wie sich die Lernleistungen innerhalb einer Lerngruppe verteilen (Sacher 1984).[96]
- eine Rohwerte-Tabelle aufstellen und diese für die Fehleranalyse nutzen können.
- in der Lage sein, die annähernd fehlerfreie Umrechnung von Rohwerte-Punkten in Noten vorzunehmen.
- fähig sein, aus häufig auftretenden Fehlern Übungsaufgaben zu entwickeln, die dem lückenschließenden Lernen dienen (Eigler/Straka 1978).
- bei der Rückgabe von Klassenarbeiten den pädagogischen Takt wahren.
- nach Klassenarbeiten lückenschließend verfahren, um das Lernen in den Mittelpunkt zu stellen und die Benotung zurücktreten zu lassen.
- jene Situationen, in denen mündlich geprüft wird, angstreduzierend gestalten, damit die Schüler ihre optimale mündliche Leistung erbringen können.
- jene Situationen, in denen fachpraktisch geprüft wird, angstreduzierend gestalten, damit die Schüler ihre optimale fachpraktische Leistung erbringen können.
- sich über die Möglichkeiten und Grenzen des Einsatzes

standardisierter Verfahren orientieren, um über geeignete Verfahren das subjektive Lehrerurteil absichern bzw. korrigieren zu können.[97]

- die Vor- und Nachteile ziffernloser Zensuren durchschauen, sich in der Abfassung von Gutachten oder Berichten schulen und sich dabei auf unterrichtsrelevante Kriterien beschränken.[98]
- die Möglichkeiten der Selbsteinschätzung von Lernleistungen durch die Schüler nutzen, damit sie möglichst früh lernen, sich ein eigenständiges lehrerunabhängiges Urteil zu bilden.
- sich der Fragwürdigkeit vieler Leistungen bewußt werden, um die Schüler zu einer »kritischen Leistungsbereitschaft« erziehen zu können (Klafki 1985).
- weitere Ziele anstreben ...

5.1.3.2 Lehrleistungen

Angehende Lehrer und Beurteiler sollten
- den an der Auswertung Beteiligten den Zusammenhang zwischen der Planung, Durchführung und Auswertung aufzeigen und deutlich machen, daß alle Bereiche zu berücksichtigen sind.
- die unterschiedlichen Funktionen von Hospitationen und Beurteilungen durchschauen – z.b. Ausbildungsfunktion in den Schulpraktika, Selektionsfunktion am Ende des Referendariats, Anlaß- oder Regelbeurteilung während der Berufsausübung –, um dcn Hospitationsablauf auf die jeweilige Funktion abstimmen zu können.
- den Hospitations- und Beurteilungsablauf transparent machen – z.b. Vorgespräch mit Zielvereinbarungen, Unterricht mit Hospitation und Protokollierung, Pause, Auswertungsphase mit dem Erteilen und der Entgegennahme von Feedback –, damit dieser konstruktiv gestaltet werden kann.[99]
- die Lehrvoraussetzungen einschätzen, um den zu beurtei-

lenden Praktikanten, Referendaren oder Lehrern in den verschiedenen Stadien der beruflichen Sozialisation gerecht werden zu können.[100]

- sich bemühen, die Lernvoraussetzungen der betreffenden Schüler zu erfahren und die Lerngruppe kennenzulernen, weil schließlich die Lehrleistungen immer auch von den Lernvoraussetzungen der Schüler abhängig sind und sich die Lehrleistungen so betrachtet als Lehr-Lern-Leistungen begreifen und beurteilen lassen.[101]
- mit den zu beurteilenden Lehrern über Art und Umfang der Unterrichtsvorbereitung und -planung sprechen, damit diese gerechtfertigten Anforderungen entsprechen können.[102]
- sich der Tatsache bewußt sein, daß es so viele Kriterienkataloge zur Unterrichtsbeurteilung wie Lehrerausbildungs-Institutionen gibt, an vielen Institutionen sogar verschiedene Kataloge existieren und konkurrieren, die alle nur Ausdruck der jeweiligen Bewußtseinslage jener Personen sein können, die diese Kataloge verfaßt haben, und daß die Anwendung solcher Kataloge mit der gebotenen Vorsicht zu erfolgen hat.[103]
- die eigene Auffassung von einem qualifizierten Unterricht – z.B. allgemeine Leitlinien, konzeptions- und fachspezifische Leitlinien – präzisieren, damit die an der Auswertung und Beurteilung beteiligten Personen nicht von ganz verschiedenen Vorstellungen ausgehen.[104]
- jene Ansprüche, die sie an die Person des Lehrers richten – z.B. Engagement, positive Grundeinstellung gegenüber Kindern und Jugendlichen, Beachtung der Sekundärtugenden –, auch offen stellen, damit sich die zu Beurteilenden mit diesen Ansprüchen auseinandersetzen können.[105]
- ihre Auffassung von einem konstruktiven Umgang mit den Schülern – z.B. natürlich, verständnisvoll, flexibel, humorvoll und konsequent – darlegen, damit sich die Beteiligten auch in diesem Bereich austauschen können.[106]
- in der Hospitationsphase ein Verlaufsprotokoll erstellen, damit sich der Lehr-Lern-Prozeß später rekonstruieren läßt. Das Protokoll sollte Angaben über fachliche, methodische

und soziale Kompetenzen enthalten, über besonders gelungene Handlungen, gelungenes Tun und positive Verhaltensweisen sowie über fragwürdige, die es künftig zu vermeiden oder zu verändern gilt.[107]

- sich der Tatsache bewußt sein, daß Lehr-Lern-Prozesse von allen Beteiligten unterschiedlich wahrgenommen werden, deshalb Wahrnehmungs-, Beobachtungs-, Einschätzungs- und Beurteilungsfehler auftreten können, was sowohl für den unter Handlungsdruck stehenden Lehrenden als auch für den hospitierenden Beurteiler zutrifft, der ohnehin nur einen Bruchteil des Geschehens registrieren kann.[108]
- darauf achten, daß zwischen dem Unterricht und dem Auswertungsgespräch eine Pause eingelegt wird, damit sich der Lehrende entspannen und der Auswertung folgen kann.
- bedeutsame Regeln zum Geben und Entgegennehmen von Feedback kennen und sie den an der Auswertung beteiligten Personen erläutern, damit in der Auswertungsphase verständnisvoll, aber auch zeitökonomisch, miteinander umgegangen werden kann.[109]
- sollten sich im Auswertungsgespräch möglichst auf bedeutsame Punkte – z.B. Leitlinien, Person des Lehrers, Lernvoraussetzungen der Schüler, Umgang des Lehrers mit den Schülern, fachliche, methodische und soziale Aspekte – beziehen, positive Punkte hervorheben und fragwürdig erscheinende offen ansprechen, dabei aber auch konkrete Hinweise bieten, wie sich Qualifikations- oder Handlungsdefizite ausgleichen lassen.[110]
- die verschiedenen Möglichkeiten der Selbstkonfrontation – z.B. Tonband- oder Videoaufzeichnungen – nutzen, um so möglichst bald zu einer annähernd realistischen Selbsteinschätzung der Lehrleistungen zu gelangen.[111]
- auf die Möglichkeiten und Grenzen einer Einschätzung und Beurteilung von Lehrleistungen durch Schüler aufmerksam werden, die schließlich – in ähnlicher Weise wie der Unterrichtende – selbst in den Prozeß involviert sind, und deren Urteile deshalb zu relativieren sind.[112]
- weitere Ziele anstreben ...

5.2 Sozialer Bereich
Publikation: Lehrer lösen Konflikte

5.2.1 Ziele zur Konfliktprophylaxe

Angehende Lehrer sollten
- eine natürliche Einstellung zu sozialen Konflikten gewinnen, diese als zum Berufsalltag gehörend begreifen und lernen, mit und in Konflikten zu leben.
- sich einen Überblick hinsichtlich des berufsfeldspezifischen Konfliktpotentials und der möglichen Problemkreise
  - allgemeine Disziplinlosigkeit, aggressives Verhalten, Lernschwierigkeiten, Hausaufgaben, Leistungsmessungen, Schülerängste, Schulmüdigkeit, Pause und Schulhof, Wandertage und Landschulheimaufenthalt, Sexualität, Gruppenprobleme, Vorurteile, gefährdete Schüler, Probleme mit Mentoren, Kollegen, Schulleitern, Vorgesetzten, Eltern –
  verschaffen, damit sie keinen Praxisschock erleiden, sondern ahnen, was auf sie zukommt.[113]
- erkennen, daß es zu ihren selbstverständlichen Aufgaben gehört, konfliktprophylaktische Maßnahmen zu ergreifen, angemessen zu intervenieren und bei Bedarf konfliktanalytisch zu verfahren.[114]
- sich bewußt werden, daß ein humaner, demokratischer und effektiver Unterricht zahlreiche soziale Konflikte bedingt, weil Auseinandersetzungen, Belastungen und Schwierigkeiten für die persönliche Entwicklung eines jeden Schülers bedeutsam sind, die Einübung demokratischer Umgangsformen auch zu sozialen Konflikten führen muß und auch die Ansichten hinsichtlich der Lehr-Lern-Effektivität manchmal auseinandergehen.
- sich und die Schüler in der Beilegung sozialer Konflikte schulen, um so ein geordnetes Lehren und Lernen in der Gruppe zu ermöglichen, und ihre Konfliktbeilegungsfähigkeit erhöhen.
- soziale Konflikte zwischen Schülern auch als Chance zum sozialen Lernen betrachten, sich bei bestimmten konflikt-

trächtigen Ereignissen bewußt zurückhalten, um Schülern Gelegenheit zur eigenständigen Konfliktregelung zu bieten.

- auch das Anliegen der Konflikterzeugung sehen, damit sich Lehrer und Schüler gegen ungerechtfertigte Formen der Macht- und Herrschaftsausübung wehren lernen und damit gerechtfertigt erscheinende Ansprüche durchgesetzt werden können.[115]
- sich um die Offenlegung latent vorhandener Konflikte bemühen, um so den Umgang mit den am Konflikt beteiligten Personen freier und konstruktiver gestalten zu können.[116]
- sich in der Einschätzung der Konfliktrelevanz – z.b. Schein-, Rand-, Zentral-, Extremkonflikte – üben, um eine Über- oder Unterschätzung konfliktträchtiger Ereignisse möglichst zu vermeiden (Becker/Dietrich/Kaier 1982).[117]
- sich um eine angemessene Konflikttoleranz bemühen, um die vielen Auseinandersetzungen, Belastungen und Schwierigkeiten des Schulalltags gelassener ertragen zu können.
- erkennen, daß die fach- und methodenkompetente Planung, Durchführung und Auswertung des Unterrichts auch konfliktprophylaktisch wirken kann.[118]
- die Bedeutung der Lehrerpersönlichkeit für die Konfliktvorbeugung sehen, an sich arbeiten und versuchen, Vorbildfunktionen zu übernehmen.[119]
- die Vorzüge des Klassenlehrersystems erkennen, möglichst viele Fächer in der eigenen Klasse erteilen, um die Beziehungen zu den Schülern intensivieren und bestimmte didaktische Möglichkeiten – z.b. fächerübergreifender Epochenunterricht oder Projektunterricht – nutzen zu können.
- den Stellenwert der Lehr- und Erziehungsstile für die Konfliktprophylaxe erkennen und sich um einen konstruktiven Umgang bemühen.[120]
- versuchen, zu Beginn eines Schuljahres die Namen der Schüler so schnell wie möglich kennenzulernen, um die Schüler persönlich ansprechen zu können.[121]
- den Unterricht so vorbereiten, daß der Lehr-Lern-Prozeß flüssig gesteuert werden kann, der Medieneinsatz ohne großen Zeitverlust erfolgt und die Übergänge zwischen einzel-

nen Lehr-Lern-Situationen reibungslos vollzogen werden können (Kounin 1976).

- die Rahmenbedingungen – Stundenplan, Unterrichtszeit, Ort, Raumausstattung, Sitzordnung, die optischen, akustischen und klimatischen Verhältnisse – beachten, um durch Veränderung konfliktvorbeugend verfahren zu können.
- bei der Auswahl der Lerninhalte und bei der Vereinbarung von Lernzielen auch solche Inhalte und Ziele berücksichtigen, die zu einer Einstellungsänderung der Schüler und zu einem verständnisvolleren Miteinander führen können.[122]
- methodische Möglichkeiten – wie z.b. Kleingruppenarbeit oder das Rollenspiel – bewußt nutzen, um so die Kommunikation zwischen den Schülern zu fördern und die Lernatmosphäre zu verbessern.
- erkennen, daß jede Lerngruppe ständig einen gruppendynamischen Prozeß durchläuft, und fragwürdige Abläufe beobachten, um z.b. bei einseitigen Rollenzuschreibungen, Rollenfixierungen oder bei der Entstehung von Hackordnungen intervenieren zu können.[123]
- Aktivitäten des Schullebens in ihrer Bedeutung für gruppendynamische Prozesse erkennen, diese fördern und versuchen, die Prozesse so zu steuern, daß sie einen konstruktiven Verlauf nehmen (Deutsch 1976, Keck/Sandfuchs 1979).
- den Zusammenhang zwischen den prozeßbegleitenden Wahrnehmungsleistungen des Zuhörens und Beobachtens einerseits und den konfliktprophylaktischen Maßnahmen andererseits sehen, um so vor dem Auftreten konfliktträchtiger Ereignisse intervenieren zu können (Kounin 1976).
- die Bedeutung der Variabilität des Handelns für die Konfliktprophylaxe erkennen, um z.b. bei Bedarf Lernziele modifizieren, Lehr-Lern-Situationen verändern oder die Lehr-Lern-Tempi variieren zu können.
- bei zu vermutenden methodischen Schwierigkeiten, die zu Konflikten führen könnten, metaunterrichtlich verfahren, um so unnötige Konflikte vermeiden zu können.[124]
- bei zu vermutenden Schwierigkeiten im Umgang miteinan-

70

der metakommunikativ verfahren, um bedeutsamen Kommunikationsstörungen zu begegnen.[125]
- für bestimmte Problemschüler oder Problemgruppen besondere Lernaufgaben oder Materialien einplanen bzw. bereithalten, um differenzieren zu können.[126]
- von der Möglichkeit Gebrauch machen, Problemschüler oder -gruppen aufgrund noch nicht gezeigten Störverhaltens zu bekräftigen, um so die Phase der Konzentration zu verlängern.
- Möglichkeiten kooperativer Verhaltensmodifikation kennen, um mit Problemschülern oder -gruppen Vereinbarungen treffen oder Verträge abschließen zu können (Clarizio 1979, Redlich/Schley 1980).
- in der Lage sein, gemeinsam mit den Schülern ein »Umgangsposter« zu entwickeln, das in positiven, kindgemäßen und einprägsamen Formulierungen bedeutsame Regeln für den Umgang miteinander enthält und das im Klassenzimmer für alle sichtbar aufgehängt wird.[127]
- fähig sein, bei zu erwartenden Zentralkonflikten mit betroffenen Kollegen zu kooperieren, damit Bemühungen um eine Konfliktbewältigung nicht durch divergierende Erziehungsstile in Frage gestellt werden.
- bei zu erwartenden Zentralkonflikten mit jenen Eltern kooperieren, die zur Zusammenarbeit bereit sind.
- bei zu erwartenden Extremkonflikten den Rat von Experten - Sozialarbeitern, Beratungslehrern, Schulpsychologen, Ärzten u.a. - einholen, um einen dilettantischen Aktionismus zu vermeiden.
- weitere Ziele anstreben ...

5.2.2 Ziele zur Konfliktintervention

Angehende Lehrer sollten
- versuchen, konfliktträchtige Ereignisse so realistisch wie möglich aufzufassen und Tatsachen von Vermutungen zu trennen.[128]

- auf konfliktträchtige Ereignisse möglichst der Konfliktrelevanz – Schein-, Rand-, Zentral-, Extremkonflikte – entsprechend einfallsreich und flexibel intervenieren.[129]
- auf Scheinkonflikte, die eine momentane emotionale Betroffenheit hervorrufen, möglichst humorvoll oder schlagfertig antworten.[130]
- über Randkonflikte, die zu geringer emotionaler Betroffenheit führen, hinwegunterrichten, um eine Prozeßstagnation zu vermeiden, den Schülern aber nonverbal zu verstehen geben, daß man über ihr Verhalten informiert ist, weil sonst das Störverhalten eskalieren könnte (Kounin 1976).[131]
- beim Auftreten von Randkonflikten möglichst Überreaktionen vermeiden, weil es sonst zu Welleneffekten kommen kann, indem sich die Schüler über die unangemessenen Reaktionen des Lehrers aufregen (Kounin 1976).
- sich bei Zentralkonflikten, die zu einer starken emotionalen Betroffenheit führen, Handlungsaufschub verschaffen – z.B. die beteiligten Personen in ein Gespräch verwickeln oder den Versuch der Konfliktbewältigung aufschieben –, um nicht blind reagieren zu müssen.
- bei einer akuten Gefährdung der beteiligten Personen sofort intervenieren, um die Gefahr abzuwenden.[132]
- beim Auftreten eines Extremkonfliktes, welcher eine sehr starke Betroffenheit hervorruft, den Lehr-Lern-Prozeß unterbrechen oder abbrechen, weil die Schüler ohnehin nicht in der Lage wären, weitere Lernziele anzustreben.
- bei einer Kommunikationsstörung metakommunikativ verfahren, den fragwürdigen Umgang thematisieren, problematisieren und mit den Schülern nach angemessenen Umgangsformen suchen.
- bei einer didaktisch bedingten Störung metaunterrichtlich verfahren, das Problem ansprechen und mit den Schülern beraten, wie es weitergehen soll.
- mit älteren Schülern im Bedarfsfall auch konfliktanalytisch vorgehen, d.h. den Konflikt präzisieren, die Betroffenheit verbalisieren, nach Konfliktursachen suchen, einen Perspektivenwechsel vornehmen lassen etc.[133]

- möglichst mit pädagogischen Maßnahmen antworten, die in einem unmittelbaren Zusammenhang zum konfliktträchtigen Ereignis stehen, auf eine Bewußtseinserweiterung und Verhaltensänderung abzielen und die sich den Schülern gegenüber begründen lassen.
- auf den Einsatz von Disziplinierungstechniken – z.B. Strafarbeiten, Klassenbucheinträge, Arrest oder Ausschluß vom Unterricht – weitgehend verzichten, weil sie zumeist in keinem direkten Zusammenhang zum konfliktträchtigen Ereignis stehen und unerwünschtes Verhalten lediglich eliminieren.[134]
- die von Gordon (1977) empfohlenen Ich-Botschaften – das unerwünschte Verhalten ansprechen, Konsequenzen aufzeigen, emotionale Betroffenheit zum Ausdruck bringen – nicht zu oft und nur dann senden, wenn eine Lehrer-Schüler-Beziehung vorherrscht, in der sich die Schüler dem Lehrer gegenüber verantwortlich fühlen.[135]
- Lernziele modifizieren oder neue Lernanreize schaffen können (Kounin 1976).
- die methodischen Möglichkeiten der Intervention erkennen und einsetzen und beispielsweise die Sozialform wechseln, Differenzierungsmaßnahmen ergreifen, die Lehr-Lern-Tempi variieren oder Freiarbeit initiieren.
- die organisatorischen Möglichkeiten einer Intervention erkennen und ergreifen, z.B. die Sitzordnung verändern, die optischen, akustischen oder klimatischen Bedingungen verbessern u.a.m.
- den psychomotorischen Bedürfnissen entgegenkommen, z.B. durch Bewegungsspiele oder Gymnastik.
- versuchen, Problemschüler oder -gruppen durch besondere Aktivitäten in den Lehr-Lern-Prozeß einzubinden, ohne ihnen dadurch eine Sonderstellung einzuräumen.
- den Versuch der Konfliktbewältigung verlagern, wenn z.B. das konfliktträchtige Ereignis nur einen Schüler betrifft, um auf diese Weise mit der ganzen Gruppe weiterarbeiten zu können.[136]
- störende Schüler an ihren Plätzen aufsuchen und leise mit

ihnen sprechen, um so auf die Notwendigkeit einer Rücksichtnahme hinzuweisen.[137]
- bei allgemeiner Disziplinlosigkeit um Ruhe bitten lassen, um so das gemeinsame Anliegen der Aufrechterhaltung einer für das Lehren und Lernen erforderlichen sozialen Ordnung zu betonen.
- an vereinbarte Regeln oder getroffene Vereinbarungen erinnern, um auf die Fragwürdigkeit bestimmter Verhaltens- oder Handlungsweisen aufmerksam zu machen.
- bei jüngeren Schülern vereinbarte »Notsignale« senden – z.b. Ohren zuhalten, Finger auf den Mund legen oder ein Glöckchen erschallen lassen –, um die Aufmerksamkeit der Schüler auf den Lehrer zu lenken.[138]
- die Möglichkeiten der Selbstkonfrontation nutzen und in Phasen allgemeiner Disziplinlosigkeit eine Tonband- oder Videoaufzeichnung erstellen, die Schüler anschließend mit ihrem fragwürdigen Verhalten konfrontieren, sie nachdenklich stimmen und mit ihnen Verhaltensregeln erarbeiten.
- mit meditativen – auch fernöstlichen – Techniken arbeiten, welche die Schüler beruhigen und ihre Konzentration erhöhen können.
- zu geeigneten Zeitpunkten Pausen einlegen, und zwar möglichst dann, wenn zeitintensive und anstrengende Lernaktivitäten beendet, bedeutsame Teilziele erreicht und kontrolliert worden sind.[139]
- weitere Ziele anstreben ...

5.2.3 Ziele zur Konfliktanalyse

Angehende Lehrer sollten
- lernen, ohne Zeit- und Handlungsdruck bei bedeutsamen Konflikten allein oder im Team konfliktanalytisch zu verfahren, d.h. unter Berücksichtigung der emotionalen Betroffenheit den Konflikt so lange zielgerichtet zu analysieren, bis sich eine Handlungsfolge abzeichnet, die sich stichhaltig begründen läßt.[140]

- sich die betreffende(n) Konfliktstruktur(en) bewußt machen, beschreiben, dabei die Emotionen zurücknehmen, um so eine Basis für die Konfliktanalyse zu gewinnen.[141]
- bei Zentral- und Extremkonflikten einen Analysepartner suchen oder ein Analyseteam bilden, diesem den Fall darlegen, um sich dann gegenseitig die emotionale Betroffenheit mitzuteilen, und sich auf eine Methode der Konfliktanalyse zu verständigen.[142]
- erkennen, daß jeder Konflikt multikausal bedingt ist, somit einseitige Ursachenzuschreibungen vermeiden, Hypothesen zur Verursachung bilden und – falls möglich – Verursachungsschwerpunkte setzen.
- nach Informationsquellen suchen und sich Informationen verschaffen, um relevant erscheinende Informationen in den Analyseprozeß einbringen und auch bestimmte Hypothesen absichern oder verwerfen zu können.
- bei gravierenden Konflikten Experten – erfahrene Kollegen, Schulleiter, Beratungslehrer, Schulräte, Schulpsychologen, Ärzte, Sozialarbeiter und Juristen – heranziehen, um sich beim Versuch der Konfliktbewältigung nicht zu überfordern.
- sich immer wieder um einen Perspektivenwechsel bemühen, d.h. versuchen, die Gefühle und Gedanken der beteiligten Personen nachzuempfinden bzw. nachzuvollziehen.
- über die Zielsetzungen einer Konfliktbewältigung nachdenken, über Versuche, den Konflikt beizulegen, die Austragung den Schülern zu überlassen oder den Konflikt zu verschärfen, um z.b. so die Schüler auf eine soziale Problematik aufmerksam zu machen.
- den Zielsetzungen entsprechend allein oder im Team Handlungsmöglichkeiten suchen und sichtbar sammeln, wobei auch unsinnig erscheinende Handlungsmöglichkeiten gefragt sind, um das kreative Potential auszuschöpfen.[143]
- die gefundenen Handlungsmöglichkeiten den Zielsetzungen entsprechend überprüfen und diese als positiv (+), negativ (-) oder als indifferent (+-) kennzeichnen.[144]
- mit Hilfe der als positiv erkannten Handlungsmöglichkei-

ten eine Handlungsfolge konzipieren, die den Zielsetzungen entspricht, die möglichst von allen beteiligten Personen akzeptiert werden kann und die sich ausreichend begründen läßt.[145]
- versuchen, dem Analyseergebnis entsprechend zu handeln, sich also bemühen, die gewonnenen Einsichten und Erkenntnisse auf die Handlungsebene zu übertragen.[146]
- beobachten, ob die getroffenen Maßnahmen wirksam oder unwirksam sind und gegebenenfalls erneut konfliktanalytisch verfahren, bis sich irgendwann einmal Erfolge abzeichnen.[147]
- erkennen, daß es für einige Auseinandersetzungen, Belastungen und Schwierigkeiten kaum oder gar keine Bewältigungsmöglichkeiten gibt, und versuchen, trotz dieser Einsicht eine positive Grundeinstellung und -haltung zu bewahren.[148]
- weitere Ziele anstreben ...

5.3 Ziele zur Hausaufgabenproblematik
Publikation: Hausaufgaben kritisch sehen ...

Angehende Lehrer sollten
- erkennen, daß sich die Hausaufgabenproblematik auf verschiedenen Schulstufen, in verschiedenen Schularten, in Verbindung mit spezifischen Unterrichtskonzeptionen und Fächern ganz unterschiedlich darstellt.
- Leitlinien für eine sinnvolle Hausaufgabenpraxis kennen, um diese auf das jeweilige Lehr-Lern-Vorhaben beziehen zu können.
- verschiedene Hausaufgabenarten kennen, um eine sinnvolle Auswahl – z.B. zwischen vorbereitenden Aufgaben oder Übungsaufgaben – treffen zu können.
- von der Möglichkeit Gebrauch machen, durch differenzierende Hausaufgaben die Leistungsanforderungen auf das Leistungsvermögen einzelner Schüler abzustimmen.[149]

- die Hausaufgabenproblematik in der Lerngruppe thematisieren und den Schülern eigene Erwartungen offenlegen.[150]
- sich gemeinsam mit den Schülern auf jene Subsituation konzentrieren, in der Hausaufgaben gestellt werden, damit die Schüler zu Hause genau wissen, was sie machen sollen.
- alle Hausaufgaben kontrollieren, um die häuslichen Lernbemühungen der Schüler nicht zu mißachten.[151]
- möglichst oft den Schülern für gefertigte Hausaufgaben ein differenziertes Feedback geben, damit sie so Anhaltspunkte für die Erfüllung weiterer Aufgaben gewinnen.[152]
- typische Hausaufgabenkonflikte kennen, um diesen vorbeugen, bei ihrem Auftreten angemessen intervenieren und schwerwiegende Konflikte analysieren zu können.
- das Erteilen von Hausaufgaben niemals als Disziplinierungstechnik mißbrauchen, weil sonst negative Auswirkungen auf die Lernmotivation zu erwarten sind.
- in Erfahrung bringen, warum bestimmte Schüler ihre Hausaufgaben nicht erfüllen können, um so die häuslichen Lernleistungen besser einschätzen zu können.
- versuchen, bei leistungsschwachen Schülern jene Lernlücken zu diagnostizieren, die für nicht erledigte, unvollständige oder fehlerhafte Hausaufgaben maßgebend sein könnten.
- in der Lage sein, im Hinblick auf diagnostizierte Lernlücken individuelle Lernpläne zu erstellen.[153]
- mit Nachhilfelehrern – Mitschülern, Geschwistern, Eltern, Kollegen oder anderen Personen – professionell kooperieren und diesen möglichst genau angeben, welche Lernziele anzustreben sind.
- selbst Hausaufgaben professionell betreuen und der Lernhilfen-Treppe entsprechend nach dem Minimalprinzip verfahren können.[154]
- mit den Eltern über die Hausaufgaben reden, ihnen die eigene Erwartungshaltung offenlegen und ihnen die Lernhilfen-Treppe sowie das Minimalprinzip erklären.
- Eltern und Schüler hinsichtlich der Einrichtung eines häuslichen Arbeitsplatzes beraten (Kohler 1991).

- sich bewußt sein, daß die Zeit, die für das Erteilen und Kontrollieren von Hausaufgaben sowie für die Bewältigung der Hausaufgabenkonflikte benötigt wird, oftmals besser für das Lernen im Unterricht selbst genutzt werden könnte.
- die schulrechtlichen Bestimmungen bezüglich der Hausaufgaben kennen, um diese einerseits auf die besonderen Verhältnisse der Lerngruppe beziehen und um sich andererseits mit allen Beteiligten damit auseinandersetzen zu können.[155]
- sich die bildungs- und gesellschaftspolitischen Implikationen von Hausaufgaben bewußt machen und erkennen, daß jene Schüler benachteiligt sind, die keinerlei häusliche Unterstützung erfahren.[156]
- weitere Ziele anstreben ...

6. Taxonomie von Handlungskompetenzen für den methodischen Bereich

Diese Taxonomie konzentriert sich auf den Brennpunkt des zentralen Handlungsfeldes, auf die Durchführungskomponente im methodischen Bereich. Es wird davon ausgegangen, daß sich die methodischen Lehr-Lern-Handlungen weitgehend erfassen, analysieren, strukturieren und darstellen lassen. Für den sozialen Bereich hingegen wird auf ein solches Vorgehen verzichtet, weil dies aufgrund der Einmaligkeit der Lehrer und Schüler weder möglich noch sinnvoll erscheint.

Der nachstehende Ansatz geht von Überlegungen der Handlungsanalyse aus, berücksichtigt Ergebnisse der Unterrichtswissenschaft und wagt normative Setzungen. In ihn werden konkrete Zielvorstellungen eingebracht, wie ein Lehrer kompetent handeln sollte. Mit den Adjektiven human, demokratisch und effektiv werden Normen umschrieben, denen es möglichst zu entsprechen gilt. Der Ansatz berücksichtigt nur solche Handlungskompetenzen, die diesen Zielvorstellungen entgegenkommen.

Die Taxonomic gliedert sich in acht Handlungsbereiche (HB), wobei eine differenzierte Darstellung in Teil II (Durchführung von Unterricht, HB I bis VII) und Teil III (Auswertung und Beurteilung von Unterricht, HB VIII) der Handlungsorientierten Didaktik erfolgt. Jedes Handlungsspektrum, jede Handlungsstruktur und jede Substruktur einer Sequenz (HB VI - VIII) wird durch etwa 12 Handlungsindikatoren belegt, so daß sich eine Gesamtstruktur von über 700 Elementen abzeichnet.

Taxonomie von Handlungskompetenzen für den methodischen Bereich (Kurzfassung)

Handlungsbereich I

Prozeßbegleitende Wahrnehmungsleistungen
1.1 Den Schülern zuhören
1.2 Die Schüler beim Lernen beobachten

Handlungsbereich II

Prozeßleitende Kompetenzen
2.1 Vorkenntnisse aktualisieren
2.2 Zum Lernen motivieren
2.3 Zum Weiterlernen ermutigen
2.4 Lernerfolge kontrollieren

Handlungsbereich III

Prozeßbegleitende Kompetenzen
3.1 Fragen stellen
3.2 Zum Fragen ermutigen
3.3 Lernhilfen geben
3.4 Auf Schülerbeiträge eingehen
3.5 Auf Schülerfragen eingehen
3.6 Schülerbeiträge differenziert bewerten

Handlungsbereich IV

Kompetenzen zur Gesprächs- und Diskussionsführung
4.1 Die Gesprächsfähigkeit zwischen den Schülern fördern
4.2 Gespräche überwiegend nonverbal steuern
4.3 Im Gespräch Vorkenntnisse aktualisieren lassen
4.4 Im Gespräch ein Ergebnis erarbeiten lassen
4.5 Im Gespräch Ideen produzieren lassen
4.6 Im Gespräch Bewertungen vollziehen lassen
4.7 Gegensätzliche Positionen diskutieren lassen
4.8 Verschiedene Sichtweisen diskutieren lassen
4.9 Mit den Schülern über den Unterricht sprechen
4.10 Einzelgespräche führen
4.11 Beratungsgespräche führen

Handlungsbereich V

Kompetenzen zur Informationsvermittlung und Präsentation

5.1 Vortragen
5.2 Vorlesen
5.3 Erzählen
5.4 Kurzvorträge halten
5.5 Sachverhalte erklären
5.6 Sachverhalte mit Hilfe von Zeichnungen erklären
5.7 Sachverhalte mit Hilfe von Objekten demonstrieren
5.8 Sachverhalte mit Hilfe technischer Medien präsentieren

Handlungsbereich VI

Kompetenzen zur Anleitung, Betreuung und Erfolgskontrolle

6.1 Etwas vormachen und es nachmachen lassen
6.2 Hausaufgaben stellen und kontrollieren
6.3 Arbeitsaufträge stellen, die Schüler betreuen und die Übungsergebnisse sichten
6.4 Übungsaufträge stellen, die Schüler betreuen und die Übungsergebnisse sichten
6.5 Zum Experimentieren anleiten, die Schüler betreuen und die Ergebnisse sichten
6.6 Zum Spielen anleiten, die Schüler beim Spielen betreuen und das Spielgeschehen auswerten

Handlungsbereich VII

Kompetenzen in Verbindung mit verschiedenen Sozialformen

7.1 Zur Einzelarbeit anleiten, Schüler betreuen und Ergebnisse sichten
7.2 Zur Partnerarbeit anleiten, die Schüler bei der Partnerarbeit betreuen und die Ergebnisse sichten
7.3 Zur Kleingruppenarbeit anleiten, die Kleingruppen bei der Arbeit betreuen und die Kleingruppenergebnisse sichten

Handlungsbereich VIII

Kompetenzen in Verbindung mit verschiedenen Formen der Leistungsbeurteilung

8.1 Klassenarbeiten vorbereiten, schreiben lassen und zurückgeben
8.2 Mündliche Prüfungen vorbereiten, durchführen und Ergebnisse mitteilen
8.3 Praktische Prüfungen vorbereiten, durchführen, Ergebnisse mitteilen

Weitere bedeutsame Kompetenzen?

Die prozeßbegleitenden Wahrnehmungsleistungen (HB I) bilden die nur indirekt beobachtbare Handlungsbasis für die Kompetenzen in den anderen Bereichen. In den Handlungsbereichen II und III werden Handlungsmöglichkeiten in Handlungsspektren ausgewiesen. Für die Gesprächs- und Diskussionssituationen (HB IV) und die Situationen zur Informationsvermittlung und Präsentation (HB V) zeichnen sich situationsspezifische Handlungsstrukturen ab, während die Handlungskompetenzen in den Bereichen VI bis VIII durch typische Situationsfolgen – zumeist Tertiaden – mit Struktursequenzen gekennzeichnet sind.

Die Behauptung, die in der Taxonomie enthaltenen Handlungskompetenzen könnten entscheidend dazu beitragen, Lehr-Lern-Prozesse human, demokratisch und effektiv zu gestalten, läßt sich wie folgt belegen:

Wer als Lehrer *human*, d.h. schülerorientiert, verfahren will, kommt z.B. nicht umhin, den Schülern zuzuhören, um ihre Lernbedürfnisse und Interessen in Erfahrung zu bringen, (1.1) und er muß die Schüler beim Lernen beobachten (1.2), um ihnen Lernhilfen (3.3) geben zu können. Dieser Lehrer wird versuchen, den Prozeß auf die Vorkenntnisse aufzubauen (2.1), er wird die Lernfortschritte und Lernerfolge möglichst aller Schüler registrieren (2.4), um lernlückenschließend verfahren zu können. Er wird auch mit einzelnen Schülern reden (4.10) und dieselben beraten (4.11), also offenere Unterrichtskonzeptionen verfolgen, sofern dies die Rahmenbedingungen zulassen.

Wer als Lehrer *demokratisch* verfahren will, wird z.B. seine Schüler zum Fragen ermutigen (3.2) und auf Schülerfragen bereitwillig eingehen (3.5), die Interaktionen zwischen den Schülern und somit deren Gesprächsfähigkeit fördern (4.1), häufig im Prozeß durch überwiegend nonverbale Gesprächssteuerung zurücktreten (4.2), kontroverse Diskussionen aufgreifen oder initiieren (4.7), verschiedene Sichtweisen zur Diskussion stellen, um einen praktischen Beitrag zur Toleranzerziehung zu leisten (4.8), häufig zur Partner- oder Kleingruppenarbeit anleiten (7.2 und 7.3) und die Beteiligungs-spielräume der Schüler bei der Unterrichtsgestaltung aus-schöpfen (4.9).

Lehrer, die schließlich *effektiv* unterrichten möchten, werden eine lernzielorientierte oder – falls möglich – offene Unterrichtskonzeption verfolgen (Bloom 1984), den Schülern zuhören (1.1), sie beim Lernen beobachten (1.2), sie zum Lernen anregen (2.2 und 2.3) und die Lernerfolge kontrollieren (2.4), d.h. den Schülern möglichst oft in Auswertungsphasen ein individuelles Feedback geben (HB VI, VII und VIII), damit sie konkrete Anhaltspunkte für die Bewältigung künftiger Lernaufgaben erhalten. Zur Lehreffektivität gehören auch die sorgfältige Kontrolle der Hausaufgaben (6.2) sowie konkrete Hinweise an einzelne Schüler, wie sie vorhandene Lern- und Leistungsdefizite ausgleichen können (4.11). Wer effektiv lehren möchte, wird auch anspruchsvolle Frage- und Problemstellungen in den Lehr-Lern-Prozeß einbringen (3.1), sich um größtmögliche Verständlichkeit bei der Informationsvermittlung und Präsentation bemühen (HB V) und die Lehr-Lern-Tempi flüssig gestalten (Kounin 1976). Diese Empfehlungen decken sich weitgehend mit den Ergebnissen der Lehr-Lern-Effektivitätsforschung von Bloom (1984) und Walberg (1984).

Die in die Taxonomie aufgenommenen Handlungskompetenzen lassen sich auch aus häufig zu beobachtenden Handlungsdefiziten ableiten:

HB I: Prozeßbegleitende Wahrnehmungsleistungen
Es soll Lehrer geben, die zuviel reden, den Unterricht zur Selbstdarstellung mißbrauchen, die Schüler kaum zu Wort kommen lassen und die besser Schauspieler geworden wären. Da Vielredner zahlreiche Lehrfunktionen nur unzureichend oder gar nicht wahrnehmen können, haben sie ihren Beruf verfehlt (1.1). Und wer die Schüler nicht beim Lernen beobachtet, kann Lernbemühungen nur unzureichend registrieren, Lehr-Lern-Prozesse nicht sinnvoll steuern und den Schülern auch nicht beim Lernen helfen (1.2).

HB II: Prozeßleitende Kompetenzen
Es soll Lehrer geben, welche auf die Aktualisierung der erforderlichen Vorkenntnisse verzichten, so daß nur die leistungsstarken Schüler vom nachfolgenden Lehr-Lern-Prozeß profitieren (2.1), Lehrer, die jede zweite Unterrichtsstunde mit der stereotypen Frage »Was haben wir das letzte Mal gemacht?« einleiten (2.2), die bei nachlassender Motivation lediglich Druck ausüben und die Schüler disziplinieren (2.3) und die oft darauf verzichten, die Lehr-Lern-Erfolge zu kontrollieren, wodurch die Lernbemühungen abgewertet werden (2.4).

HB III: Prozeßbegleitende Kompetenzen
Es soll Lehrer geben, die sich in Vielfragerei ergehen, die z.B. nicht zwischen Kenntnisfragen und anspruchsvolleren Fragen oder zwischen geschlossenen und offenen Fragen zu unterscheiden wissen (3.1), welche die Schüler nicht zum Fragen ermutigen, vor Schülerfragen Angst haben (3.2) und die Schülern immer wieder Lernchancen nehmen, indem sie zu weitgehende Lernhilfen geben (3.3). Es soll Lehrer geben, die Schülerbeiträge willkürlich ignorieren (3.4), Schülerfragen übergehen (3.5) oder Schülerbeiträge sinnentleert bewerten, ohne die Lernvoraussetzungen der Schüler zu berücksichtigen (3.6).

HB IV: Kompetenzen zur Gesprächs- und Diskussionsführung
Es soll Lehrer geben, die fast alle Interaktionen über ihre Person laufen lassen (4.1), die nicht zurücktreten können und deshalb zu selten die Gespräche und Diskussionen überwiegend nonverbal steuern (4.2), welche Gespräche zur Aktualisierung von Vorkenntnissen in ein mühsames Frage- und Antwortspiel münden lassen (4.3), für die jene Gespräche, in denen Ergebnisse erarbeitet werden, die vorherrschende Methode darstellt (4.4), die ein offenes Gesprächsthema, das zu divergenter Produktion herausfordert, als solches nicht erkennen und dadurch das kreative Potential der Schüler beeinträchtigen (4.5) oder die Sachverhalte oder Ereignisse voreilig selbst bewerten und so eine eigenständige Meinungsbildung der Schüler verhindern (4.6). Es soll Lehrer geben, die Diskussionen noch immer

als Zeitverschwendung betrachten, die gegensätzliche Positionen nicht aufgreifen und ausdiskutieren lassen (4.7) und auch verschiedene Sichtweisen kaum tolerieren (4.8). Und es soll Lehrer geben, die immer alles alleine machen wollen, die Schüler selten oder nie an der Unterrichtsgestaltung beteiligen, die darauf verzichten, die Beteiligungsspielräume auszuschöpfen und bei denen die Schüler nicht lernen können, wie man lernt (4.9). Und schließlich soll es Lehrer geben, die nicht mehr mit einzelnen Personen reden (4.10) oder einzelne Schüler beraten können (4.11), weil sie sich daran gewöhnt haben, immer vor Gruppen zu sprechen.

HB V: *Kompetenzen zur Informationsvermittlung und Präsentation*
Es soll Lehrer geben, die im Vortragen, Vorlesen, Erzählen oder Referieren (5.1–5.4) ungeübt erscheinen, denen es z.b. nicht gelingt, die Aufmerksamkeit der Schüler auf das Gedicht, den Text, das Märchen oder das Ereignis zu lenken. Und es soll Lehrer geben, die sich ihren Schülern gegenüber nur schwer verständlich machen können (5.5) und denen Zeichnungen, Demonstrationen oder Präsentationen häufig mißlingen (5.6–5.8).

HB VI: *Kompetenzen zur Anleitung, Betreuung und Erfolgskontrolle*
Es soll Lehrer geben, welche die typischen Situationsfolgen, vor allem die Tertiaden, nur unzureichend durchschauen, die oftmals fragwürdige Aufträge stellen, ein unreflektiertes Betreuerverhalten zeigen und die auf eine Sichtung der Lernergebnisse häufig verzichten (6.1–6.6).

HB VII: *Kompetenzen in Verbindung mit verschiedenen Sozialformen*
Es soll Lehrer geben, die den Stellenwert der verschiedenen Sozialformen nicht erkannt haben, selten einen Wechsel der Sozialformen anstreben, die Konzentrationsfähigkeit der Schüler durch Einzelarbeit kaum fördern (7.1), die dem natür-

lichen Kommunikationsbedürfnis der Schüler selten entsprechen, soziale Lernziele und das Anliegen einer Erziehung zur Mündigkeit vernachlässigen (7.2 und 7.3).

HB VIII: Kompetenzen in Verbindung mit verschiedenen
Formen der Leistungsbeurteilung
Und schließlich soll es Lehrer geben, die sich bei der Planung, Durchführung und Auswertung schriftlicher, mündlicher und praktischer Prüfungen wenig durchdacht verhalten, die Versagens- und Leistungsängste schüren, die Lehr-Lern-Atmosphäre und die Lehrer-Schüler-Beziehungen belasten und die so zu Schulunlust und Schulmüdigkeit vieler Schüler beitragen (8.1–8.3).

Um für die Gesamtstruktur eine größere Transparenz zu gewinnen, soll künftig versucht werden, Handlungsindikatoren in vergleichbaren Strukturen oder Struktursequenzen zu *parallelisieren*, so z.b. die Gesprächssituationen, in denen Vorkenntnisse aktualisiert (4.3), Ergebnisse erarbeitet (4.4), Ideen produziert (4.5) oder Bewertungen vollzogen werden (4.6). Fast jedes Gespräch wird z.b. damit begonnen, daß der Lehrer das Gesprächsthema aufgreift oder nennt, also läßt sich der jeweils erste Handlungsindikator (H_1) gleich oder doch ähnlich formulieren, aber mit verschiedenen Begründungen und Verbalformen versehen. In jedem Gespräch können Gesprächshilfen erforderlich werden, so daß der Handlungsindikator gleich oder ähnlich formuliert werden kann, doch muß jeder dieser Handlungsindikatoren eine völlig andere Begründung erfahren und durch andere Verbalformen belegt werden, weil sich letztere schließlich je nach Zielsetzung des Gesprächs grundlegend unterscheiden. Formalisiert sieht das Anliegen der Parallelisierung folgendermaßen aus:

Lehr-Lern-Situationen Gesprächssituationen	Handlungsindikatoren				
	H_1	H_2	H_3	...	H_n
4.3 Vorkenntnisse akutalisieren	$4.3/H_1$	$4.3/H_2$	$4.3/H_3$	...	$4.3/H_n$
4.4 Ergebnisse erarbeiten	$4.4/H_1$	$4.4/H_2$	$4.4/H_3$	...	$4.4/H_n$
4.5 Einfälle fördern	$4.5/H_1$	$4.5/H_2$	$4.5/H_3$	...	$4.5/H_n$
4.6 Bewertungen vollziehen	$4.6/H_1$	$4.6/H_2$	$4.6/H_3$	...	$4.6/H_n$

Die Parallelisierung läßt sich auch auf andere vergleichbare Lehr-Lern-Situationen (5.1. bis 5.4, 5.5. bis 5.8) und auf die Situationsfolgen in den Handlungsbereichen VI bis VIII ausdehnen:

Situationsfolgen	Subsituationen		
	anleiten (1)	betreuen (2)	auswerten (3)
6.3 Arbeitsaufträge	$6.3.1/H_1 - H_n$	$6.3.2/H_1 - H_n$	$6.3.3/H_1 - H_n$
6.4 Übungsaufträge	$6.4.1/H_1 - H_n$	$6.4.2/H_1 - H_n$	$6.4.3/H_1 - H_n$
6.5 Experimente	$6.5.1/H_1 - H_n$	$6.5.2/H_1 - H_n$	$6.5.3/H_1 - H_n$
6.6 Spiele	$6.6.1/H_1 - H_n$	$6.6.2/H_1 - H_n$	$6.6.3/H_1 - H_n$

Der Vorteil einer Parallelisierung könnte in einer noch größeren Transparenz der Gesamtstruktur und einem erleichterten Kompetenzerwerb liegen. Ziel müßte es allerdings sein, trotz Parallelisierung die Lesbarkeit und den Anregungsgehalt der Studien- und Übungsunterlagen beizubehalten.

Über das Anliegen einer Parallelisierung hinaus soll versucht werden, einige prozeßbegleitende Handlungen aus dem Handlungsbereich III in typische Lehr-Lern-Situationen und Lehr-Lern-Folgen (HB IV bis VIII) zu integrieren. Mit diesem Versuch wird jedoch keinesfalls die Reduktion der Gesamtstruktur auf wenige interaktionsanalytische Kategorien angestrebt, was von der Sache her nicht möglich und sinnvoll ist. Wenn z.B. ein Lehrer prozeßbegleitend in fragwürdiger Weise auf Schülerbeiträge eingeht (3.4), indem er diese stereotyp in der Art eines Lehrerechos wiederholt, dann ist noch nichts darüber ausgesagt, wie er auf Beiträge eingeht, wenn Schüler im Gespräch Ideen produzieren (4.5). Und das Moderieren einer Diskussion (4.7 oder 4.8), die Demonstration eines Sachverhaltes mit Hilfe eines Demonstrationsobjektes (5.7), das Stellen eines Arbeitsauftrages (6.3), die Betreuung der Schüler beim Experimentieren (6.5), die Anleitung zur Partnerarbeit (7.2) oder die Durchführung einer mündlichen Prüfung (8.2), dies alles sind aus der Perspektive eines im Beruf stehenden Lehrers völlig unterschiedliche Tätigkeiten, die deshalb auch einer gesonderten Betrachtung und Analyse bedürfen. Diese ganz verschiedenen Handlungskompetenzen lassen sich nicht über einen interaktionsanalytischen Kamm scheren, für sie bedarf es differenzierterer Analyseverfahren.

Des weiteren lassen sich innerhalb der Taxonomie grundlegende, mögliche und individuelle Handlungsindikatoren unterscheiden. Als *grundlegende Handlungsindikatoren* sind jene zu betrachten, welche die Basis für professionelles Handeln legen. Wer als ausgebildeter Lehrer einen Sachverhalt mit Hilfe einer Tafelzeichnung erklärt (5.6), der wird an eine Überschrift denken, die Zeichenfläche ausnutzen, die Zeichnung gliedern, bedeutsame Punkte hervorheben, Farben begründet einsetzen, Symbole konsequent verwenden, wenige bedeutsame Begriffe fehlerfrei und leserlich anschreiben, die Perspektive verdeutlichen, auf den notwendigen Grad der Exaktheit achten, die Zeichnung möglichst nicht durch den eigenen Körper verdecken und auch nicht für längere Zeit gegen die Tafel sprechen. Erfahrene und handlungskompetente Lehrer verfügen über diese grundlegenden Handlungsindikatoren, sie haben diese erworben und verinnerlicht.

Nun gibt es ein weiteres Bündel *möglicher Handlungsindikatoren*, die ein ausgebildeter Lehrer kennt und bei Bedarf einsetzt. So kann er den Zeichenvorgang unterbrechen und zum Weiterzeichnen auffordern, er kann die Zeichnung vervollständigen oder beschriften lassen, Zwischenfragen provozieren und die Schüler zum Mit- oder Nachzeichnen auffordern.

Und schließlich gibt es aufgrund besonderer zeichnerischer Begabungen *individuelle Handlungsindikatoren,* über die nicht jeder angehende Lehrer in gleicher Weise verfügt, Handlungsweisen, die von den Schülern bestaunt und gewürdigt werden.

Die Unterscheidung zwischen grundlegenden, möglichen und individuellen Handlungsindikatoren erlaubt auch eine Unterscheidung zwischen dem erlernbaren und dem nicht oder nur sehr begrenzt erlernbaren Bereich des Lehrens. Die Gesamtheit der grundlegenden und möglichen Handlungsindikatoren bildet die berufliche Handlungsbasis und ist erlernbar, die individuellen Handlungsindikatoren verweisen auf außerordentliche Talente, auf kreatives und auch intuitives Handeln, das weitgehend der Persönlichkeit vorbehalten bleibt.

Mit dieser Unterscheidung eröffnen sich neue Perspektiven für die Auswertung und Beurteilung von Lehrleistungen. Durch sie läßt sich ziemlich genau bestimmen, wo Lehrer handlungskompetent sind, an welchen Stellen sie Handlungsdefizite zeigen und über welche besonderen Handlungsbegabungen sie verfügen.

Mit der getroffenen Unterscheidung zwischen grundlegenden, möglichen und individuellen Handlungsindikatoren erscheint die Rezeptologie-Diskussion in einem neuen Licht (Grell/Grell 1990, Zifreund 1982): Natürlich kann im Zusammenhang mit zentralen Handlungskompetenzen von Rezepten gesprochen werden, wobei die grundlegenden Handlungsindikatoren die notwendigen Zutaten und die möglichen Handlungsindikatoren die möglichen Gewürze darstellen. Diese Rezepte erscheinen notwendig, damit angehende Lehrer in vertretbarer Zeit die erforderlichen Handlungskompetenzen erwerben und eine schmackhafte Mahlzeit zubereiten können. Es bedarf aber überall dort keiner Rezepte, wo individuelle Handlungsindikatoren ins Spiel kommen, wo didaktische Kreativität gefragt ist oder wo es darum geht, eine als ausweglos erscheinende Konfliktsituation zu meistern. Diese Bereiche lassen sich durch Ausbildung nur bedingt beeinflussen. Mit ihnen wird also, um an den Vergleich anzuknüpfen, aus

dem Koch ein Meisterkoch oder aus dem Lehrer ein Meisterlehrer (Berliner 1986).

Um auf gesellschaftliche Veränderungen und den sozialen
Wandel auch in den Schulen antworten zu können, ist die Taxonomie als eine offene Systematik angelegt, die sich Revisio-
nen nicht entzieht. So wäre es z.b. denkbar, die Handlungskompetenz »Zur Arbeit am Computer anleiten, die Schüler betreuen und Fragen klären« in den Handlungsbereich VI
aufzunehmen; doch wird davon ausgegangen, daß sich diese
Lehraufgabe über das Stellen von Arbeits- und Übungsaufträ-
gen (6.3 und 6.4) erfüllen läßt.

Bewußt wird auf eine weiterführende Ausdifferenzierung
der Taxonomie verzichtet. So ließe sich z.b. die Situationsfolge »Zum Spielen anleiten ...« (6.6.) ausdifferenzieren, indem
man Kennenlernspiele, Bewegungsspiele, Lernspiele, Rollen-
spiele etc. analysiert und darstellt; doch dadurch würde die relativ überschaubare Gesamtstruktur mit etwa 700 Handlungsindikatoren an Übersichtlichkeit verlieren. Schließlich kommt
es nicht darauf an, z.b. ein bestimmtes Rollenspiel rezeptolo-
gisch zu realisieren, sondern jederzeit alle erdenklichen Spiele
zu durchschauen – auch jene, die noch nicht erfunden sind –,
die Schüler zum Spielen anzuleiten, ihnen Spielhilfen zu geben und mit ihnen über das Spielgeschehen nachzudenken.

Um den Benutzern der Taxonomie das Eindenken und Einarbeiten zu erleichtern, soll künftig in Verbindung mit jeder
Handlungskompetenz von einem konkreten Beispiel ausgegangen werden, an dem sich alle nachgeordneten Handlungsindikatoren aufzeigen lassen. So kann z.b. das Thema »Weg-
beschreibungen« dazu dienen, die Handlungskompetenz »Im
Gespräch ein Ergebnis erarbeiten lassen« (4.4) zu beschreiben,
oder ein bestimmtes Märchen kann die Handlungskompetenz
»Erzählen« (5.3) verdeutlichen. Die paradigmatische Anbin-
dung an Lerninhalte und Lernziele betont wahrscheinlich das
Anliegen des Kompetenzerwerbs, führt noch näher an die
Handlungsebene heran und fördert vermutlich den Kompe-
tenztransfer. Letzterer muß allerdings immer wieder von je-

dem Lehrer selbst geleistet werden, eine Arbeit, die ihm kein didaktischer Ansatz abnehmen kann.

Die Taxonomie bietet die Grundlage – eine entsprechende Fachkompetenz vorausgesetzt –, in allen Fächern und Lernbereichen methodenkompetent zu handeln. An dieser Stelle wird der Wert eines fachübergreifenden methodischen Denkens sichtbar, der Wert dieses didaktischen Ansatzes überhaupt. Wer z.B. Schüler professionell zum Spielen anleiten kann (6.6), vermag dies in den Fächern Deutsch, Geschichte, Sozialkunde und Religion zu tun. Lehrer, die professionell zum Experimentieren anleiten (6.5) können, vermögen dies mit Inhalten und Zielen aus dem Sachunterricht, der Mathematik, Biologie, Physik, Chemie, aus dem Fach Werken/Technik und dem Textilen Gestalten. So betrachtet wächst der Handlungsorientierten Didaktik eine Leitfunktion zu, und es werden neue Formen der Kooperation zwischen Vertretern der Allgemeinen Didaktik und der Fachdidaktiken sichtbar.

Die Vielzahl der Handlungskompetenzen und die hohe Komplexität des Handlungsfeldes legen den Versuch nahe, für verschiedene Lehrer spezifische Ausbildungsprogramme zusammenzustellen, um auf diese Weise die Komplexität zu reduzieren. Doch wird ein Religionslehrer seine Schüler zwar selten oder nie zum Experimentieren anleiten und ein Mathematiklehrer wird wohl kaum verschiedene Sichtweisen diskutieren lassen; aber eine sorgfältige Betrachtung der in der Taxonomie ausgewiesenen Kompetenzen läßt deutlich werden, daß es nur wenige Punkte gibt, auf die der eine oder andere Lehrer im Verlauf seiner Ausbildung verzichten könnte. Wer z.B. im Grundschulbereich die Fächer Anfangsunterricht, Deutsch und Sachunterricht belegt, ist auf fast alle Kompetenzen angewiesen.

Bezogen auf eine Unterrichtsstunde sind allerdings nur eine überschaubare Anzahl von Qualifikationen und Handlungskompetenzen gefordert. Zwar muß ein Lehrer stets zuhören und beobachten (1.1. und 1.2), die prozeßbegleitenden

Wahrnehmungsleistungen erbringen und jene prozeßbegleitenden Kompetenzen flexibel realisieren (3.1.–3.6), die sich nicht einplanen lassen; auch wird er durch die Ereignisse im sozialen Bereich ständig gefordert, möglichst angemessen zu intervenieren; doch wenn er z.b. in einer Stunde die Schüler zum Lernen motiviert (2.2), zum Fragen ermutigt (3.2), auf Schülerfragen eingeht (3.5), einen Auftrag für Partnerarbeit stellt, die Schüler beim Lernen betreut und die Ergebnisse sichten läßt (6.3 und 7.2), dann ergibt sich doch ein relativ überschaubarer Kompetenzbereich. – Ist diese eine Stunde erfolgreich abgelaufen, werden jedoch vom Lehrer in der nächsten Stunde weitere Qualifikationen und Handlungskompetenzen verlangt. Nun muß er z.b. einen Text vorlesen (5.2), ein Gespräch mit einer offenen Fragestellung moderieren (4.5), ein bestimmtes Ergebnis erarbeiten lassen (4.4), um schließlich in kleinen Gruppen (7.3) Bewertungen vollziehen zu lassen (4.6). Doch da auch diese Stunde nicht so abläuft, wie sie geplant war, weil z.b. mehrere soziale Konflikte auftreten, die es zu bewältigen gilt, ist die Realsituation des Unterrichts weitaus komplexer als sie sich vordergründig planen und darstellen läßt.

Erschwert wird der Versuch einer Handlungsanalyse häufig durch die zu verzeichnende Multifunktionalität bestimmter Lehr-Lern-Situationen im Lehr-Lern-Prozeß. Ein Lehrer kann z.b. eine Unterrichtsstunde einleiten, indem er einen Sachverhalt mit Hilfe einer Zeichnung erklärt (5.6), die Schüler gleichzeitig motiviert (2.2) und sie zum Fragen anregt (3.2), so daß sich eine mehrfache Funktions- und Kompetenzüberlagerung ergibt.

Trotz dieser Schwierigkeiten muß es wohl auch künftig darum gehen, die Lehr-Lern-Prozesse mit ihren Lehr-Lern-Handlungen, Lehr-Lern-Situationen und Situationsfolgen zu durchschauen, zu analysieren und die Ergebnisse dieses Bemühens verständlich darzustellen, um so Handlungs- und Entscheidungshilfen bieten zu können. Schließlich kann kein Berufsstand darauf verzichten, Erfahrungswissen an Berufsanfänger weiterzugeben, und wenn die Handlungs- und Entscheidungshilfen mit Ergebnissen der Unterrichtsforschung übereinstimmen – wie dies bezüglich der Lehr-Lern-Effektivität zutrifft –, erscheinen solche Hilfen umso wertvoller.

Mit der Taxonomie von Handlungskompetenzen für den methodischen Bereich wird das berufliche Handeln der Lehrer transparenter, die Gesamtstruktur wird weitgehend zugänglich gemacht und systematisch dargestellt. An dieser Stelle setzt die Kritik ein, noch bevor der Ansatz voll ausgebaut worden ist und Erfahrungen mit ihm gesammelt werden konnten. – So äußerte sich z.B. schon vor Jahren ein Erziehungswissenschaftler am Educational Testing Service in Princeton: »I do not like teachers behave systematically, I like them being creative!«[157] – Auch der Autor wünscht sich kreative Lehrer, doch sollten diese außerdem zuhören (1.1) und beobachten (1.2), anspruchsvoll fragen (3.1), verständlich erklären (5.5) und schülergemäße Arbeitsaufträge stellen können (6.3). Die Meinung, angehende Lehrer würden durch den im Rahmen Handlungsorientierter Didaktik angestrebten Qualifikations- und Kompetenzerwerb in ihrem kreativen Potential eingeschränkt oder beeinträchtigt, stellt eine unbewiesene Behauptung dar. Im Gegenteil – durch die differenzierte Darstellung der Studien- und Übungsziele für eine handlungsorientierte Lehrerausbildung läßt sich ziemlich genau sagen, an welchen Stellen im Handlungsfeld Einfallsreichtum erwünscht ist.

7. Überlegungen zur Gestaltung der Studien- und Übungsunterlagen

Ziel einer jeden Lehrerausbildung muß der theoriebewußt kompetent handelnde Lehrer sein, da den Schülern weder mit einem theoriebewußten inkompetenten Lehrer noch mit einem Lehrer gedient ist, der sich in naiver Sicherheit radikalpragmatisch im Handlungsfeld bewegt.

Da es ausgesprochen schwierig ist, theoretische Einsichten auf die Handlungsebene zu übertragen, sind einer auf die Praxis bezogenen Theorie auch Grenzen gesetzt. Roth (1969) führt dazu aus: »Eine fachwissenschaftliche Ausbildung reicht nicht ohne erziehungswissenschaftliche aus, noch reicht eine theoretische Ausbildung ohne berufsbezogen-praktische aus, alles zusammen ist aber schwierig gleichzeitig und schwierig nacheinander zu lehren.«

Sollen zahlreiche konkrete Handlungs- und Entscheidungshilfen gegeben werden, müssen die Theorieanteile zurücktreten. Werden theoretische Einsichten differenziert dargestellt, bedarf es umfangreicher Publikationen, die auf angehende Lehrer eher abschreckend wirken, nicht aber den Kompetenzerwerb fördern. Allein für jede in der Taxonomie ausgewiesene Handlungskompetenz liegen eine oder mehrere Veröffentlichungen vor, doch erscheint es weder ökonomisch noch dem Lernerwerb dienlich, angehende Lehrer im Rahmen eines Kurzzeitstudienganges mit einer Publikationsflut zu konfrontieren, um sie dort nach handlungsrelevanten Informationen suchen zu lassen.

Deshalb wird innerhalb der Handlungsorientierten Didaktik mit fünf Büchern versucht, in gedrängter Darstellung Theorieanteile sowie die erforderlichen Handlungs- und Entscheidungshilfen zu bieten:

94

Planung von Unterricht (Teil I)
Durchführung von Unterricht (Teil II)
Auswertung und Beurteilung von Unterricht (Teil III)
Lehrer lösen Konflikte (Teil IV)
Hausaufgaben kritisch sehen und die Praxis sinnvoll
gestalten (Teil V)

Die Erarbeitung der Studien- und Übungsunterlagen erfolgt nach bestimmten Gesichtspunkten. So geht es darum,
– eine maßvolle Problemreduktion zu betreiben,
– die Bedeutung der zu erwerbenden Qualifikation oder Kompetenz hervorzuheben,
– die Studien- und Übungsziele zu präzisieren,
– einheitliche Beschreibungsmuster zu verwenden,
– die größtmögliche Verständlichkeit anzustreben,
– den Umfang zu beschränken,
– die Unterlagen in das vorliegende Baukastensystem einzufügen,
– eine generelle Offenheit der Unterlagen zu wahren und
– keinesfalls die Kreativität angehender Lehrer einzuschränken.

Was die Frage einer *Problemreduktion* betrifft, so läßt sie sich nicht über die Leerformel »so weit wie nötig und so wenig wie möglich« beantworten. Dem angehenden Lehrer erscheint es sicher sinnvoll, sich im Vorlesen zu üben (5.2), sinnlos hingegen, Spannungspausen zu proben. Sinnvoll erscheint es, sich im Erklären eines Sachverhaltes mit Hilfe einer Zeichnung zu üben (5.6), sinnlos hingegen, den Einsatz farbiger Kreide zu erproben. Wird mit der Problemreduktion die Ebene einzelner Handlungsindikatoren betreten, geht sie auch für Übungszwecke meist zu weit. Diese Ebene kann für einzelne Forschungsvorhaben auf dem Gebiet Handlungsorientierter Didaktik von Interesse sein. So ergibt sich bei der Suche nach einer maßvollen Problemreduktion ein Interpretationsspielraum, der aufgabenbezogen auszufüllen ist.

Je besser es gelingt, die *Bedeutung* einer zu erwerbenden Qualifikation oder Handlungskompetenz *hervorzuheben,* desto größer sind vermutlich bei den Lesern der Studien- und Übungsunterlagen auch die Lernerfolge. Um die Bedeutsamkeit zu unterstreichen, gibt es zahlreiche Möglichkeiten. So läßt sich z.b. quantitativ argumentieren, indem man betont, wie oft Lehrer im Unterricht Fragen stellen, oder qualitativ, indem man die Bedeutung eines zentralen Arbeitsauftrages für die Unterrichtsstunde hervorhebt. Wer Unterlagen verfaßt, kann Negativbeispiele bringen, auf inhumane, undemokratische oder ineffektive Verhaltensweisen von Lehrern aufmerksam machen, auf fragwürdige Methoden und Erziehungstechniken. Man kann die Leser an die eigene Schulzeit erinnern, sie bitten, die Perspektive der Schüler einzunehmen, man kann auf Ergebnisse der Lehr-Lern-Forschung und der Handlungsanalyse hinweisen. Und schließlich gibt es noch das Kriterium der Plausibilität, denn niemand wird leugnen, daß es z.b. Aufgabe eines Lehrers ist, Schüler zum Lernen anzuregen, sie zum Weiterlernen zu ermutigen und mit ihnen die Lernergebnisse zu sichten.

In den Studien- und Übungsunterlagen wird immer wieder versucht, die zu erwerbenden Qualifikationen und Kompetenzen zu *präzisieren* und abzugrenzen. Für die Benutzer der Unterlagen ist es hilfreich zu erfahren, was eigentlich von ihnen erwartet wird. Bei einer unzureichenden Eingrenzung *der Studien- und Übungsziele* kommt es z.b. im Verlauf des Situativen Lehrtrainings zu erheblichen Schwierigkeiten. Wenig sinnvoll erscheint die Aufforderung, ein beliebiges Gespräch zu führen, weitaus sinnvoller hingegen die Aufgabe, ein Gespräch zur Aktualisierung der Vorkenntnisse zu leiten (4.3).

Vermutlich erleichtert ein *einheitliches Beschreibungsmuster* den Qualifikations- und Kompetenzerwerb. Die Studien- und Übungsunterlagen sind nicht Büchern vergleichbar, die einmal gelesen und dann weggelegt werden, sonst wäre es ja möglich, innerhalb weniger Tage die Unterlagen zu studieren, um anschließend als handlungskompetenter Lehrer dazustehen. Statt dessen empfiehlt sich die Lektüre nur eines Kapitels mit dem sich anschließenden Versuch, die gewonnenen Einsichten auf die Handlungsebene zu übertragen. Damit sich die

Benutzer nicht jedesmal in ein neues Beschreibungsmuster eindenken müssen, wenn sie sich um den Erwerb einer weiteren Handlungskompetenz bemühen, wird die Beibehaltung eines Musters bevorzugt.

Für die Handlungskompetenzen im methodischen Bereich hat sich nachstehendes Beschreibungsmuster bewährt:
– Bezeichnung der zu erwerbenden Handlungskompetenz
– Hervorheben ihrer Bedeutung
– Begründung einer Notwendigkeit des Kompetenzerwerbs
– Zusammenstellung von Handlungsindikatoren, Begründung derselben und Belegung durch entsprechende Verbalformen[158]
– Darstellung aller Handlungsindikatoren in einem Handlungsspektrum, einer Handlungsstruktur oder Struktursequenz, Formblatt zur Kompetenzanbahnung, zur Beobachtung und zur Handlungsanalyse.

Für den sozialen Bereich sieht das Beschreibungsmuster wie folgt aus:
– Bezeichnung des betreffenden Problemkreises
– Beschreibung typischer Konfliktkonstellationen
– Maßnahmen zur Konfliktprophylaxe
– Möglichkeiten der Intervention
– Konfliktanalyse.

Was die *Verständlichkeit* der Studien- und Übungsunterlagen betrifft, so wurde dieses Anliegen schon mehrfach betont. Der hochkomplexe Forschungsgegenstand »Unterricht« zwingt den Handlungsanalytiker zu größtmöglicher Verständlichkeit, weil sonst die angestrebte Übertragung der Einsichten auf die Handlungsebene mißlingen kann. Verständlichkeit wird innerhalb der Handlungsorientierten Didaktik durch die Verwendung einer einheitlichen Terminologie über alle Publikationen hinweg angestrebt, durch Verzicht auf jeglichen Wissenschaftsjargon, durch eine Wortwahl, die sich dem vorherrschenden Sprachgebrauch im Handlungsfeld anschließt sowie durch eine möglichst hilfreiche Gliederung der Studien- und Übungsunterlagen (Groeben 1978).

Wie eingangs schon erwähnt, müssen sich die Studien- und Übungsunterlagen auf den unbedingt *notwendigen Umfang beschränken*. Zwar ist es mißlich, z.B. Ausführungen zur Lehrerfrage (3.1) auf wenige Druckseiten reduzieren zu müssen, wo es doch schließlich eine Vielzahl lesenswerter Publikationen gibt (z.B. Claus 1969, Klinzing-Eurich/Klinzing 1981, Sommer 1981); doch ist zu vermuten und zu hoffen, daß nicht die Ausführlichkeit von Informationen für den Kompetenzerwerb maßgebend ist, sondern andere Variablen wie die Darlegung der Bedeutsamkeit, die Prägnanz und die Strukturierung. Schließlich beinhaltet das Stellen von Fragen nur ein Studien- und Übungsziel von über 250 oder eine Handlungskompetenz von 43 Durchführungskompetenzen. (Vgl. Kap. 5 und 6.)

Die Studien- und Übungsunterlagen zur Handlungsorientierten Didaktik sind in einem *Baukastensystem* angelegt, aus dem sich jederzeit einzelne Steine herausnehmen und andere einfügen lassen. Es mag ja durchaus sein, daß sich einige Qualifikationen und Handlungskompetenzen in Zukunft als ziemlich irrelevant erweisen, andere, die uns heute noch nicht bekannt sind, als höchst relevant. Folgt man dieser dynamischen Betrachtungsweise, darf das Bauwerk Handlungsorientierter Didaktik niemals vollendet werden, d.h. es wird immer wieder erforderlich sein, einzelne Steine zu behauen, andere auszuwechseln oder auch einen Erweiterungsanbau vorzunehmen. Interessant ist für den Handlungsanalytiker die Frage, welche Studien- und Übungsunterlagen in ihrer jetzigen Form über längere Zeit hinweg Bestand haben, denn sie bilden dann wohl mit die Handlungsbasis für die Ausübung des Lehrberufs.

Die Studien- und Übungsunterlagen sind offen konzipiert, um die *didaktische und methodische Kreativität* angehender Lehrer keinesfalls einzuschränken. Wo Handlungs- und Entscheidungshilfen in Form von Handlungsindikatoren und Verbalformen gegeben werden, wird der Benutzer immer wieder aufgefordert, nach weiteren Handlungsindikatoren, Lösungsmöglichkeiten oder Formulierungen zu suchen, die ihm stimmiger erscheinen oder die seiner Person eher entsprechen. Die immer wiederkehrende Aufforderung, über die Studien- und Übungsunterlagen hinauszugehen, soll deutlich machen, daß sich kein Lehrer auf die Vorgaben beschränken darf. Methodische Kreativität, die divergente Produktion bei der Suche nach angemessenen Handlungen und Lösungen, sind unverzichtbare Fähigkeiten, um im Handlungsfeld bestehen zu können.

8. Verschiedene Verfahren zum Qualifikations- und Kompetenzerwerb

8.1 Kurse zur Qualifikations- und Kompetenzanbahnung in Großgruppen

Wer häufig Gelegenheit hat, bei erfahrenen Lehrern zu hospitieren, registriert neben vielen positiven Persönlichkeitsmerkmalen, Einstellungen, Haltungen und professionellen Handlungsmustern fast immer auch eklatante Handlungsdefizite, und das selbst bei grundlegenden Handlungskompetenzen, die einem Lehrer im Verlauf eines Schulvormittags immer wieder abverlangt werden. So gibt es Lehrer, die nicht zuhören können, die Schülerbeiträge willkürlich ignorieren, die ein fragwürdiges Frageverhalten realisieren, die Schülerbeiträge sinnentleert verstärken oder höchst unverständliche Arbeitsaufträge stellen. Solche Defizite können nicht ignoriert werden, weil sie die Lehr-Lern-Prozesse ständig negativ beeinflussen – manchmal wohl von der ersten Unterrichtsstunde bis zur letzten vor der Pensionierung.

Greifen wir das Handlungsdefizit eines fragwürdigen Frageverhaltens auf, dann wird die Problematik besonders deutlich. Ein unzureichend ausgebildeter Lehrer ergeht sich z.b. in Vielfragerei, ihm ist nicht bewußt, was er mit seiner Fragerei bei den Schülern bewirkt, er weiß nicht zwischen geschlossenen und offeneren Fragen zu unterscheiden, macht in der Fragesituation selbst noch einige Fehler, indem er z.B. Mehrfachfragen stellt, den Schülern kaum Zeit zum Nachdenken und zur Beantwortung läßt oder – was noch schlimmer ist – viele seiner Fragen selbst beantwortet. Zahlreichen interaktionsanalytischen Untersuchungen ist zu entnehmen, daß Lehrer etwa

100

50 Fragen pro Unterrichtsstunde stellen, manchmal mehr und manchmal weniger, wobei je nach Fach und Unterrichtskonzeption die Schwankungen beträchtlich sind. Wer z.B. Englisch lehrt, wird in vielen Stunden die Anzahl 50 überschreiten, und gleiches gilt für Mathematiklehrer, sofern sie die Kopfrechenfähigkeit ihrer Schüler trainieren. Doch sind auch ganz andere Stunden denkbar, in denen ein Lehrer mit wenigen Fragen auskommt. Wie dem auch sei, auf jeden Fall handelt es sich um eine Lehr-Lern-Handlung – Lehrerfrage – Schülerantwort –, die bei angenommenen 100 Fragen pro Unterrichtstag in einem Schuljahr etwa 20.000 mal und in 40 Jahren Berufsausübung 800.000 mal auftreten mag.

Wenn wir die Annahme akzeptieren, daß die Qualität der Lehrerfrage und die Art und Weise, wie ein Lehrer seine Fragen in den Prozeß einbringt, mitentscheidend für die Qualität der Lehr-Lern-Prozesse ist, dann sollten wir uns der Lehrerfrage im Rahmen der Lehrerausbildung voll zuwenden. Dabei kommt es nicht darauf an, daß angehende Lehrer zufällig in einer Lehrprobe professionell fragen, sondern daß sie Lehrerfragen geistig durchdringen, ihre Funktionen erkennen und ihnen bewußt wird, was ein Lehrer, der eine Frage in den Lehr-Lern-Prozeß einbringt, richtig und falsch machen kann. Es geht also nicht um ein naives Üben im Hinblick auf bestimmte Lernziele und Inhalte, sondern um die Etablierung von Bewußtseinsinhalten und die Ausbildung eines Problemhorizontes hinsichtlich des Fragehandelns überhaupt. Wer ausreichend professionalisiert ist, kann ohne jede besondere Vorbereitung über Lehrerfragen referieren und differenziert Auskunft geben, welche Punkte im Prozeß hinsichtlich dieser Lehr-Lern-Handlung vorrangig zu beachten sind. Angehende Lehrer, die diese so entscheidende Lehr-Lern-Handlung problembewußt sehen können, sind in der Lage, fach- und konzeptionsunabhängig ihre Fragekompetenz in jeden Prozeß einzubringen – und das bis zur Pensionierung.

Um das Anliegen besonders deutlich herauszustellen, betrachten wir jene Lehr-Lern-Situation, in welcher ein Lehrer einen Arbeitsauftrag erteilt. Auch dies ist eine Handlungskompetenz, die ihm nahezu in jeder Unterrichtsstunde abverlangt wird, also etwa fünfmal pro Vormittag, 1.000 mal im Jahr und 40.000 mal in einem Berufsleben. Jeder erfahrene Lehrer weiß, wie wichtig diese Arbeitsaufträge sind, wie sehr sie die Qualität der nachfolgenden Arbeitsphase und somit auch die Lehr-Lern-Ergebnisse beeinflussen. Ein Lehrer, der die bedeutsamen Arbeitsaufträge unreflektiert einbringt, kann seinem Beruf nicht gerecht werden. Wer aber diese Handlungskompetenz mit ihrer Handlungsstruktur durchschaut und über entsprechende Bewußtseinsinhalte verfügt – z.b. Lernvoraussetzungen einschätzen, auf Verständlichkeit achten, Zielsetzungen durchschauen, Lernanreize bieten, Differenzierungsmöglichkeiten sehen, Lernzeiten einkalkulieren, mögliche Lernhilfen in Betracht ziehen ... –, kann diese in Verbindung mit jedem Unterricht, auch wenn er fachfremd erteilt wird, abrufen. Die Transferleistung, von den etablierten Bewußtseinsinhalten hin zum konkreten Arbeitsauftrag, ist allerdings immer wieder neu zu erbringen. Wer als Praktikant im Hinblick auf die erste Unterrichtsstunde vielleicht sogar naiv – ohne sich die Handlungsstruktur jemals bewußt gemacht zu haben – einen Arbeitsauftrag formuliert, der kann mit diesem Auftrag Glück oder Pech haben. Scheitert er, wird er sich nur mit Mühe, wenn überhaupt, das Scheitern erklären können. Verfügt der Praktikant über entsprechende Bewußtseinsinhalte, vermag er diese schon bei der Formulierung zu nutzen, er kann anschließend die Lehr-Lern-Situation analysieren und andere Formulierungsmöglichkeiten durchdenken. Wer als Referendar den hundertsten Arbeitsauftrag formuliert oder als Lehrer im fünften Dienstjahr den 5.555., wird vermutlich mit dieser Lehraufgabe noch besser zurechtkommen, vorausgesetzt, er ist ausreichend professionalisiert und zum reflektierten Handeln motiviert. So betrachtet ist die Fähigkeit eines Lehrers, Arbeitsaufträge in den Lehr-Lern-Prozeß einzubringen, abhängig von den etablierten Bewußtseinsinhalten, der Bereitschaft, dieser Lehraufgabe nachzukommen und der Fähigkeit, die Transferleistung zu erbringen, was sowohl eine Frage der kognitiven Kapazität als auch der Übung sein mag.

Das Anliegen einer Etablierung von Bewußtseinsinhalten hinsichtlich bedeutsamer Lehrqualifikationen und Handlungskompetenzen erscheint so wichtig, daß es mit aller Konsequenz verfolgt werden sollte. Diese Art von Kompetenzanbahnung betrifft jeden angehenden Lehrer. Somit stellt sich die Frage, wie sich das Anliegen im normalen Lehrbetrieb einer Hochschule verwirklichen läßt, in großen Gruppen, in den üblichen zweistündigen Lehrveranstaltungen, in den zur Verfügung stehenden Hörsälen, mit nur einem Dozenten – allerdings mit entsprechenden Studien- und Übungsunterlagen. Es stellt sich die Frage nach der Durchführung von Kursen zur Qualifikations- und Kompetenzanbahnung in Großgruppen.

Die Durchführung solcher Kurse erscheint im Anschluß an die sozial-kognitive Theorie Banduras (1986) möglich und sinnvoll.[159] Folgt man dieser Theorie, ist auch das Lehren lernen eine Form des sozialen Lernens, das sich überwiegend mit Hilfe von Modellen vollzieht, zur bewußten Gestaltung professioneller Handlungsmuster allerdings auch einer bewußt kognitiven Verarbeitung bedarf.

In Anlehnung an Banduras Theorie kann sich eine Kompetenzanbahnung in vier Schritten vollziehen:

1. Attentional Processes
Der angehende Lehrer wird auf ein Handeln, Tun oder Verhalten aufmerksam. Seine Wahrnehmungen gehen in Beobachtungen über, weil ihm bestimmte Lehr-Lern-Handlungen oder Ereignisse bedeutsam erscheinen.

2. Retention Processes
Im Bewußtsein bleiben vage Eindrücke oder auch bestimmte Handlungselemente zurück, die von unterschiedlicher Intensität und noch ungeordnet sind.

3. Production Processes
Diese Eindrücke und Handlungselemente gilt es bewußt zu machen, zu benennen, zu strukturieren und zu verknüpfen, so

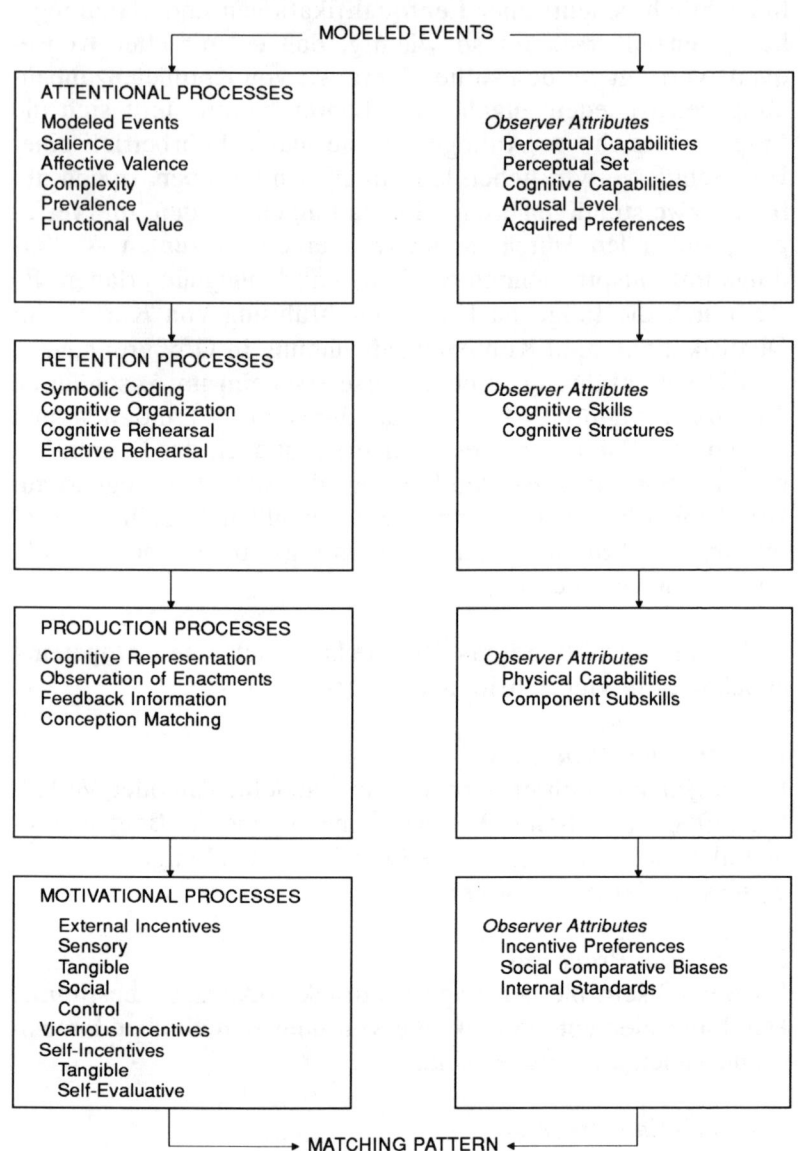

FIGURE 3. Subprocesses governing observational learning

KURSE ZUR QUALIFIKATIONS- UND KOMPETENZANBAHNUNG

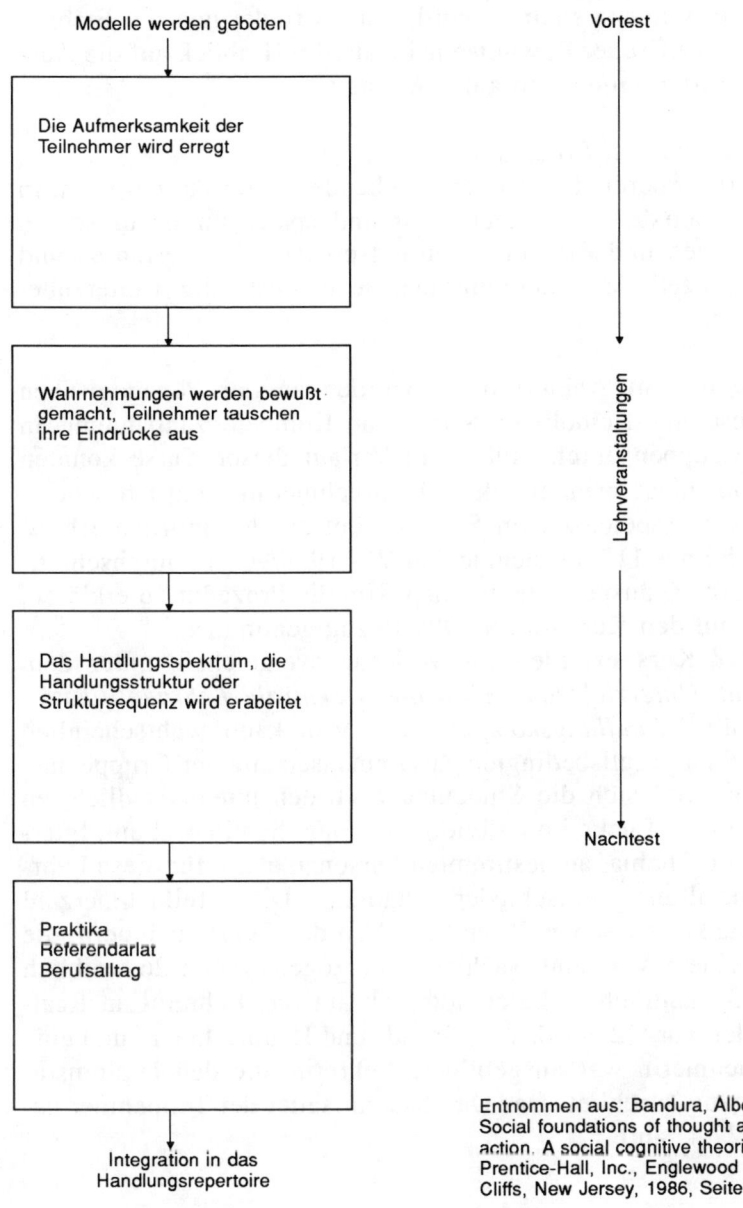

Modelle werden geboten

Vortest

Die Aufmerksamkeit der Teilnehmer wird erregt

Wahrnehmungen werden bewußt gemacht, Teilnehmer tauschen ihre Eindrücke aus

Lehrveranstaltungen

Das Handlungsspektrum, die Handlungsstruktur oder Struktursequenz wird erabeitet

Nachtest

Praktika Referendarlat Berufsalltag

Integration in das Handlungsrepertoire

Entnommen aus: Bandura, Albert: Social foundations of thought and action. A social cognitive theorie. Prentice-Hall, Inc., Englewood Cliffs, New Jersey, 1986, Seite 52.

daß ein Handlungsspektrum, eine Handlungsstruktur oder eine Struktursequenz sichtbar wird, d.h. es findet nun die Etablierung spezifischer Bewußtseinsinhalte im Hinblick auf die Ausübung bestimmter Lehraufgaben statt.

4. Motivational Processes

Derart vorbereitet, wird der angehende Lehrer aufgefordert, in den Praktika, im Referendariat und später im Beruf seinen Einsichten und Erkenntnissen entsprechend zu verfahren und den Prozeß der Handlungsanalyse eigenständig weiterzubetreiben.

Nach diesem Ablaufschema wurden an der Pädagogischen Hochschule Heidelberg Kurse zur Kompetenzanbahnung in Großgruppen durchgeführt. Im Verlauf dieser Kurse konnten die Bewußtseinsinhalte der 29 Teilnehmer hinsichtlich bedeutsamer Kompetenzen im SS 1989 um durchschnittlich 109 % und die der 115 Teilnehmer im WS 1989/90 um durchschnittlich 140 % ausgeweitet werden. Um die Prozedur zu erklären, wird auf den Kurs im SS 1989 Bezug genommen.[160]

Der Kurs erschien im Vorlesungsverzeichnis unter dem Thema *Unterrichtsdurchführung – zentrale Lehrqualifikationen und Handlungskompetenzen.* Man kann wahrscheinlich von einer zufallsbedingten Zusammensetzung der Gruppe ausgehen, weil sich die Studenten nach den unterschiedlichsten Kriterien – Lücke im individuellen Plan, Seminarschein, Interesse am Thema, an bestimmten Personen etc. – für diese Lehrveranstaltung entschieden hatten. Die Teilnehmerzahl schwankte zwischen 28 und 35. Von den 29 Teilnehmern, die sich einem Vor- und Nachtest unterzogen, waren 26 weiblich und 3 männlich, 6 bereiteten sich auf das Lehramt an Realschulen vor, 22 auf das an Grund- und Hauptschulen, und eine Teilnehmerin war ausgebildete Lehrerin, die den Diplomstudiengang durchlief. Das Durchschnittsalter der Teilnehmer betrug 22,4 Jahre.

Der Kurs umfaßte 14 zweistündige Lehrveranstaltungen:
- Einführung
- Vortest
- 10 Veranstaltungen zur Kompetenzanbahnung
- Nachtest und
- Nachtreffen

Im Verlauf der *Einführung* wurden die Teilnehmer mit dem generellen Anliegen bekanntgemacht, nämlich daß es darum gehe, hinsichtlich bedeutsamer Handlungskompetenzen Bewußtseinsinhalte zu etablieren, die in den Praktika, im Referendariat und später im Unterricht verfügbar sein sollten. Den Teilnehmern wurde auch in Umrissen die sozial-kognitive Theorie Banduras erklärt und das Anliegen des Vor- und Nachtests verdeutlicht, d.h. die Absicht, den individuellen Lernzuwachs und den Lernzuwachs der Gruppe dokumentieren zu können.

Im *Vortest* wurden an die Teilnehmer ganz einfache Fragen gerichtet, die sich auf bedeutsame Handlungskompetenzen – z.b. zuhören, auf Schülerbeiträge eingehen, Fragen stellen – bezogen und die möglichst differenziert schriftlich zu beantworten waren. Dieser Vortest hatte mit das Ziel, die Teilnehmer zu der bekannten Sokratischen Einsicht zu führen, über bestimmte Handlungskompetenzen wenig zu wissen. – Jeder angehende Lehrer stimmt sofort darin überein, daß Lehrer bereit und in der Lage sein sollten, ihren Schülern zuzuhören, doch wenn die Frage an sie gerichtet wird, was einen guten Zuhörer auszeichnet, sind die Antworten oft recht undifferenziert. – Die Fragen im Vortest bezogen sich auf die 10 nachfolgenden Veranstaltungen.

Die 10 *Veranstaltungen zur Kompetenzanbahnung* liefen gewollt immer nach dem gleichen Schema in drei Phasen ab:

1. Aufmerksamkeit erregen
Jede Veranstaltung begann mit der Präsentation eines Modells. Um die Aufmerksamkeit der Teilnehmer auf die betreffende Handlungskompetenz zu lenken, wurde zumeist ein Rollenspiel inszeniert, in das einige Teilnehmer involviert wurden,

während die anderen dem Spiel folgten. Dabei handelte es sich um vorbereitete Szenen, die besonders geeignet erschienen, die Lehr-Lern-Handlung, die Handlungsstruktur oder die Struktursequenz herauszustellen. Manchmal wurden auch mehrere Szenen geboten, positive und negative Modelle – so z.b. ein aufmerksam zuhörender Lehrer und ein Vielredner –, um die Beobachter zu provozieren. Außerdem wurden Unterrichtssituationen mittels Video präsentiert, welche die betreffenden Handlungskompetenzen vorstellten.

2. Wahrnehmungen bewußt machen

Die Teilnehmer erhielten nun den Auftrag, sich an das Modell oder an die Modelle zu erinnern, in Partnerarbeit ihre Wahrnehmungen auszutauschen und sich Beobachtungen möglichst genau mitzuteilen. Für diesen Arbeitsauftrag gibt Bandura (a.a.O.) eine überzeugende Begründung, indem er die Feststellung trifft:»People cannot be greatly influenced by observation of modeled activities if they do not remember them« (a.a.O., 55).

3. Bewußtseinsinhalte etablieren

Gegen Ende einer jeden Veranstaltung wurde mit Unterstützung des Kursleiters das sich abzeichnende Handlungsspektrum, die Handlungsstruktur oder die Struktursequenz vervollständigt, und es erging an die Kursteilnehmer die Aufforderung, sich mit der Handlungskompetenz auseinanderzusetzen, die betreffenden Studien- und Übungsunterlagen durchzuarbeiten (Teil II), die Handlungsindikatoren im Bewußtsein zu verankern, um sie für den Nachtest, für die Praktika, aber auch später für die Berufsausübung verfügbar zu haben.

4. Aufforderung, der Einsicht entsprechend zu handeln

Da zahlreiche Teilnehmer semesterbegleitende Praktika absolvierten, hatten sie Gelegenheit, den gewonnenen Einsichten entsprechend in den Praktika zu verfahren.

Im *Nachtest* wurden die Fragen aus dem Vortest erneut gestellt, um so den individuellen Lernzuwachs und den der Gruppe feststellen zu können. Dabei war es für den Kursleiter

Ergebnisse HS Lehrqualifikation/Handlungskompetenzen
Vortest 21.04.89   Nachtest 7.07.89   N = 29

Bewußtseinsinhalte

Vpn	Insg. VT	NT	Steigerung in %
1	58	132	128
2	70	108	054
3	55	114	107
4	69	117	070
5	59	108	083
6	58	119	105
7	47	123	161
8	72	102	042
9	63	137	117
10	46	117	154
11	58	134	131
12	55	132	140
13	59	131	122
14	39	114	192
15	49	097	098
16	79	140	077
17	38	117	208
18	65	122	088
19	50	107	114
20	73	109	049
21	53	127	140
22	64	113	077
23	49	121	147
24	43	122	184
25	66	122	085
26	59	116	097
27	48	104	117
28	53	109	106
29	40	102	155
	56,4	117,8	109

unerheblich, ob sich Teilnehmer aktiv um eine Kompetenzanalyse bemühten, oder ob sie die Handlungsspektren, Handlungsstrukturen oder Struktursequenzen auswendig lernten. Denn in jedem Fall waren die Teilnehmer gefordert, sich bestimmte Kompetenzen bewußt zu machen.

Die von den Teilnehmern im Vor- und Nachtest erbrachten *Ergebnisse* sind in vorstehender Tabelle festgehalten. Die Ergebnisse kamen aufgrund einer Analyse und einer Reanalyse der Antworten zustande. Für jede Aussageeinheit, die sich sinnvoll auf die zu erwerbende Handlungskompetenz beziehen ließ, wurde ein Punkt vergeben. Da die Rohwerte für sich sprachen und der Lernzuwachs eindeutig war, wurde auf eine weiterführende statistische Verarbeitung verzichtet.

Die im Vortest gezeigten Leistungen variieren beträchtlich. So hat die Vp 17 nur 38 Punkte zu verzeichnen, während die Vp 16 schon auf 79 Punkte kommt, was die Vermutung bestätigt, daß die Lehrvoraussetzungen von Pädagogikstudenten höchst unterschiedlich sind. Alle Teilnehmer profitieren von dem Kurs, indem sie zwischen 97 und 140 Punkte erzielen. Die Steigerung der Bewußtseinsinhalte liegt zwischen 42 und 208 Prozent. Die Teilnehmer erzielen im Vortest durchschnittlich 56 und im Nachtest 118 Punkte, was einer durchschnittlichen Steigerung von 109 Prozent entspricht.

Um einen Eindruck von den Testaufgaben und den Ergebnissen zu vermitteln, wird beispielhaft die Aufgabe 12 des Tests herausgegriffen. Die Vp 14 hatte im Vortest 3 und im Nachtest 10 Punkte zu verzeichnen.

Beispiel: Aufgabe 12
Wenn kein anderes Medium zur Verfügung steht, werden Sie manchmal den Schülern einen Sachverhalt mit Hilfe einer Zeichnung erklären wollen (Tafel, Overheadprojektor, Arbeitsblatt). Welchen Ansprüchen hat eine Zeichnung zu genügen?

Vortest: Übersichtlichkeit / Farben sollten verwendet werden / Zeichnung sollte möglichst groß sein // (3 Punkte).

Nachtest: Die Zeichnung sollte mit einer Überschrift versehen

110

sein / Die ganze Tafelfläche sollte ausgenutzt sein / Farben sollten begründet verwendet werden / Die Zeichnung sollte gegliedert sein / Symbole sollten konsequent verwendet werden / Bedeutsame Dinge sollten hervorgehoben werden / Zentrale Begriffe sollten angeschrieben werden / Die Perspektive sollte deutlich sein / Der notwendige Grad der Exaktheit sollte gewahrt werden / Die Schüler können zum Weiterzeichnen aufgefordert werden // (10 Punkte).

Im Rahmen des *Nachtreffens* waren sich die Teilnehmer zwar darüber einig, daß angehende Lehrer, die über kompetenzbedeutsame Bewußtseinsinhalte verfügen, wahrscheinlich eher in der Lage sind, ihren Aufgaben gerecht zu werden. Doch sollten die kognitiv akzentuierten Ergebnisse nicht überbewertet werden. So bemerkte eine Teilnehmerin: »Nun weiß ich zwar, wie es geht, aber ich kann es noch nicht.« Und einige beklagten sich, sie hätten zuviel auswendig lernen müssen.[161] – Zum Ablauf der Veranstaltung sagte eine Teilnehmerin: »Die Veranstaltung war überhaupt nicht langweilig, obgleich sie immer nach dem gleichen Schema ablief.«

Äußerungen dieser Art fordern wohl dazu auf, keine Theorie und Methode des Qualifikations- und Kompetenzerwerbs zu verabsolutieren, nach weiteren, vielleicht besseren Methoden zu suchen und den Trainingssektor nicht zu vernachlässigen.

8.2 Situatives Lehrtraining als Methode des Kompetenzerwerbs

In diesem Kapitel werden die Möglichkeiten und Grenzen des Situativen Lehrtrainings (Becker 1973a) aufgezeigt, einer Methode zum Erwerb von Handlungskompetenzen in Kleingruppen mit oder ohne Video-Feedback (vgl. Zifreund 1966). Die Trainingsteilnehmer konzentrieren sich auf eine Lehraufgabe, führen einen Lehrversuch von etwa 15 Minuten durch, wobei Kursteilnehmer (peer teaching) oder richtige Schüler als Lernende fungieren. Lehrversuche lassen sich mit der Videokamera aufzeichnen und analysieren, oder es findet ein Auswertungsgespräch ohne Video-Feedback statt.

Das Besondere am Situativen Lehrtraining ist der Versuch, die Trainingsziele in einen situativen Kontext hineinzustellen, damit die Trainierenden die Übungen als sinnvoll erleben. Ein Blick in die Taxonomie von Handlungskompetenzen für den methodischen Bereich mag dieses Anliegen verdeutlichen[162]. Dabei fällt sofort auf, daß sich einige Kompetenzen besonders gut, andere weniger gut für ein Training eignen. Situativ trainierbar sind die Kompetenzen zur Gesprächs- und Diskussionsführung aus dem Handlungsbereich IV und zur Informationsvermittlung und Präsentation aus dem Handlungsbereich V. Wer den Auftrag erhält, ein bestimmtes Gespräch oder eine Diskussion zu führen, wer etwas vortragen, vorlesen, erzählen, zeichnen oder demonstrieren soll, hat mit dem Übungsauftrag keine Schwierigkeiten. Eine solche Lehr-Lern-Aufgabe ist überschaubar und läßt sich auch in 10 bis 20 Minuten erfüllen. – Probleme bereiten hingegen die prozeßleitenden und prozeßbegleitenden Handlungen (Handlungsbereiche II und III), weil sie schließlich einen Lehr-Lern-Prozeß, also eine Unterrichtsstunde, bedingen. Und weniger gut lassen sich Kompetenzen zur Anleitung, Betreuung und Erfolgskontrolle (Handlungsbereich VI und VII) im Training erwerben, weil sich auch Tertiaden üblicherweise nicht kurzzeitig durchlaufen lassen.

Für die Fortbildung von Ausbildern und Dozenten der beruflichen Erwachsenenbildung stellt das Situative Lehrtraining eine mögliche Methode des Kompetenzerwerbs dar (Clemens-Lodde/Jaus-Mager/Köhl 1978).[163] Für die Lehrerausbildung hingegen erscheint das Situative Lehrtraining nur bedingt geeignet.

Ein Trainingsablauf aus dem Bereich der beruflichen Erwachsenenbildung kann wie folgt aussehen:

24 Dozenten melden sich zu einem einwöchigen Fortbildungskurs zum Situativen Lehrtraining an. Dieser Kurs soll der Kompetenzverbesserung dienen, und er findet an einem

Tagungsort statt, der so weit vom Wohnort der Teilnehmer entfernt liegt, daß sich die Heimfahrt am Abend nicht lohnt. Die 24 Teilnehmer bilden vier Kleingruppen, die jeweils von einem Supervisor betreut werden. Jede Kleingruppe verfügt über einen freundlichen Gruppenraum sowie über ein technisch einwandfrei arbeitendes Videoset. Für die zu verbessernden Handlungskompetenzen stehen Videoaufzeichnungen mit Modellcharakter und Studien- und Übungsunterlagen bereit. Nachstehend sind die einzelnen Schritte zum Kompetenzerwerb skizziert.

1. Nach der Begrüßung und Kleingruppenbildung werden Trainingsziele vereinbart, d.h. es wird entschieden, um welche Kompetenzen sich die Gruppe bemühen will. Dabei erfolgt die Konzentration auf nur eine Handlungskompetenz pro Trainingstag, z.b. auf das Erklären eines Sachverhalts mit Hilfe einer Zeichnung.[164]

2. Der Supervisor umreißt das Trainingsziel, spielt eine Videoaufzeichnung mit Modellcharakter ein, und die Mitglieder der Kleingruppe diskutieren über die wahrgenommenen und beobachteten Handlungen, über das Tun oder Verhalten.

3. Nun werden Studien- und Übungsunterlagen mit notwendigen und möglichen Handlungsindikatoren bereitgestellt – z.b. Fläche ausnutzen, leserlich beschriften, Symbolkraft von Farben beachten, Symbole konsequent verwenden, auf den notwendigen Grad der Exaktheit achten, weiter mit- oder nachzeichnen lassen etc. –, die alle eine Begründung im Sinne eines »reflective teaching« erfahren. Die Teilnehmer studieren diese Unterlagen und stellen etwaige Rückfragen zur Lehr-Lern-Situation.

4. Jeder Teilnehmer plant einen Lehrversuch, der 15 Minuten nicht überschreiten sollte. Dabei versucht er, die bereitgestellten Handlungsindikatoren bewußt zu berücksichtigen.

5. Mit diesem Schritt beginnt das eigentliche Training, indem ein Teilnehmer lehrt und die anderen die Schülerrolle übernehmen (peerteaching). Das Geschehen wird mit Hilfe eines Videosets aufgezeichnet.

6. Nach einer kurzen Pause analysieren die Mitglieder der Kleingruppe mit Unterstützung des Supervisors die Aufzeichnung. In diesem Analyseprozeß werden gelungene und weniger gelungene Handlungen angesprochen, und Teilnehmer, die sich besonders kritisch äußern, haben anschließend Gelegenheit, es besser zu machen – was übrigens auch für den Supervisor gilt.

7. Nun erfolgt der zweite Lehrversuch usf. Am Ende eines Trainingstages haben die Teilnehmer zu einer bestimmten Handlungskompetenz eine Videoaufzeichnung mit Modellcharakter analysiert, entsprechende Unterlagen studiert, einen Versuch selbst realisiert und sechs weitere Aufzeichnungen – darunter die eigene – analysiert.

8. Nachts träumen vermutlich die Teilnehmer vom »Erklären eines Sachverhalts mit Hilfe einer Zeichnung«, mit eine Ursache dafür, daß die Wirksamkeit eines solchen Trainings nie in Frage gestellt worden ist.[165]

Sofern Kurse zum Situativen Lehrtraining in einer Tagungsstätte an einem entfernt liegenden Ort durchgeführt werden, können sich die Teilnehmer voll auf die Trainingsziele konzentrieren, abends die Unterlagen studieren oder sich auf einen Lehrversuch am nächsten Morgen vorbereiten. Für einen solchen Intensivkurs, in dessen Verlauf sich die Teilnehmer schnell kennenlernen und die Scheu voreinander verlieren, sind Kleingruppen von sechs Teilnehmern ideal, weil auf diese Weise jeder einen Lehrversuch pro Tag absolvieren kann. Wenn Ausbilder, Lehrer oder Dozenten miteinander trainieren, deren Schüler Erwachsene sind, schlüpfen sie auch bereitwillig in die Rolle dieser erwachsenen Schüler. Sie haben offensichtlich kaum Schwierigkeiten, deren Gefühle nachzuempfinden und deren Gedanken nachzuvollziehen.

Ein Supervisor hat neben den schon erwähnten Aufgaben – Trainingsziel vereinbaren, Modellaufzeichnung abspielen, Studien- und Übungsunterlagen bereitstellen, Aussprachen moderieren – auf die Einhaltung des zeitlichen Rahmens zu achten, persönliche Schwierigkeiten und gruppendynamische

Ereignisse aufzufangen, gravierende Störungen sofort zu klären (Cohn 1975) und Geringfügigkeiten auf die Pausen oder den Abend zu verlagern. Ein Supervisor sollte in den Auswertungsphasen als Experte für die zu verbessernde Handlungskompetenz fungieren und ein differenziertes Feedback geben können, was eigene Lehrerfahrung voraussetzt. – Die Videoaufzeichnungen mit Modellcharakter wirken dann besonders überzeugend, wenn sie entweder dem Handlungsfeld selbst entnommen sind oder sich zumindest direkt an das Handlungsfeld anschließen.

Nun sind auch ganz andere Trainingsabläufe denkbar, indem man z.b. die Teilnehmer zuerst im Unterricht beobachtet, deren Handlungsdefizite feststellt und dann ein gezieltes Training zum Ausgleich dieser Defizite verordnet, eine Variante, die sicherlich interessant und effektiv sein mag, die aber auch sehr zeitaufwendig ist. – Oder es ist auch möglich, jeden einzelnen Teilnehmer entscheiden zu lassen, was er üben möchte, um so den Trainingsablauf zu individualisieren; doch führt ein solches Vorgehen vermutlich dazu, daß viele Teilnehmer erst einmal das planen und realisieren, was sie ohnehin schon können, und außerdem müssen sich die Teilnehmer im Verlauf eines Tages immer wieder in andere Lehr-Lern-Situationen eindenken, was ein Zuviel an Abwechslung mit sich bringt. – Weiterhin ist es denkbar, die Teilnehmer erst einmal mit ihrer Videoaufzeichnung allein zu lassen, damit sie den Auswertungsschock individuell auskosten und durchleben können. –

Die Entscheidung für ein bedeutsames Trainingsziel pro Trainingstag, das sich die jeweilige Kleingruppe setzt, entspricht dem Anliegen der Konzentration. Von angehenden oder praktizierenden Lehrern oder Dozenten kann man wohl zu Recht erwarten, daß sie einen viertelstündigen Lehrversuch planen, vor der Kamera agieren, die Aufzeichnung analysieren, Feedback entgegennehmen und im weiteren Trainingsverlauf mit Kollegen kooperieren. Schließlich sind Hospitationen auf Gegenseitigkeit eine erstrebenswerte Aktivität in jeder Phase der Lehrerausbildung.

Ein Training, wie es vorstehend beschrieben worden ist,

stößt an einer Pädagogischen Hochschule aus mehreren Gründen auf erhebliche Schwierigkeiten[166]. Zwar wäre es wünschenswert, die erforderlichen Ressourcen bereitzustellen und die organisatorischen Maßnahmen zu treffen, die ein solches Training bedingen, doch die Realität sieht anders aus:

- Lehrende haben in der Regel 30 bis 60 Studenten pro Lehrveranstaltung zu betreuen, mitunter auch weit mehr. Eine Konzentration auf nur sechs Kursteilnehmer würde zwar dem Trainingsanliegen entgegenkommen, doch ist dies aus Kapazitätsgründen undenkbar.
- Schwierigkeiten bereitet die Organisation von Intensivkursen in der vorlesungsfreien Zeit. Während des Semesters müssen sich alle Lehrenden und Studenten an die üblichen Zeiten halten, andere Pflichtveranstaltungen oder prüfungsrelevante Seminare anbieten oder besuchen. In der vorlesungsfreien Zeit konkurrieren solche Kurse mit den Blockpraktika, die als besonders sinnvoll erachtet werden, mit Exkursionen und Examensvorbereitungen. Auch steht das Deputat des Kursleiters für andere Veranstaltungen während des Semesters nicht mehr in vollem Umfang zur Verfügung.
- Schwierigkeiten bereitet auch der Mangel an geeigneten Trainern, die von der Notwendigkeit des Kompetenzerwerbs überzeugt sind. Fragwürdige Ideologien – »Lehren lernt man von alleine«, »Wichtig allein ist die Lehrerpersönlichkeit!«, »Trainingsveranstaltungen sind behavioristische Experimente«, »Praxeologische Veranstaltungen sind eines theoriebewußten Hochschullehrers unwürdig« – belasten immer wieder die Trainingsvorhaben. – Schließlich kommt als Trainer nur wirklich in Betracht, wer über eine langjährige schulpraktische Erfahrung verfügt und deshalb auch in der Lage ist, das zu demonstrieren, was er von den Trainingsteilnehmern erwartet[167]. Welcher Medizinprofessor würde sich anmaßen, Medizinstudenten zu demonstrieren, wie man einen Blinddarm entfernt, ohne diese Operation jemals selbst durchgeführt zu haben? Welcher Ausbil-

der in einer Lehrlingswerkstatt käme auf die Idee, den Lehrlingen das Feilen beizubringen, ohne selbst feilen zu können?[168] – Im Vergleich zu den üblichen Lehrveranstaltungen im Seminarstil fordern Trainungskurse von den Lehrenden zumeist mehr Einsatz und mehr Kraft, so daß Trainer zusätzliche Leistungen erbringen. Eine Behebung des Trainermangels wäre zwar wünschenswert, doch zeichnet sich kurzfristig keine befriedigende Lösung ab. – Die Auffassung, Studenten könnten ohne Trainer üben, läßt sich bei näherer Betrachtung nicht aufrechterhalten.[169]

– Zum Gelingen der Trainingskurse tragen einladende Rahmenbedingungen entscheidend bei, wie sie sich für über tausend Studenten kaum schaffen lassen. Eine freundliche Tagungsstätte, zweckentsprechende Kleingruppenräume, funktionstüchtige Videosets und kompetente Trainer sorgen für eine relativ entspannte Arbeitsatmosphäre, in der Kameraängste abgebaut werden können und die dem Kompetenzerwerb förderlich ist. Gerade aber diese Atmosphäre fehlt an vielen Lehrerausbildungs-Institutionen.

– Was die beim Lehrtraining geschaffenen erleichterten Bedingungen betrifft – eine Lehraufgabe, eine kleine Gruppe, wenige Minuten –, so werden diese von anspruchsvollen Studenten nicht nur als positiv erlebt. Sie vergleichen immer wieder die reduzierte Lehr-Lern-Situation mit der weitaus komplexeren Unterrichtssituation und empfinden das Training manchmal als Spielerei. Ambitionierte Studenten möchten gerne erfahren und sich selbst beweisen, ob sie in der hochkomplexen Realsituation bestehen können und für den Lehrerberuf geeignet sind.[170]

– In Frage gestellt wird aber vor allem das »peerteaching«, das Training der Studenten untereinander. Die Simulation typischer Lehr-Lern-Situationen und Situationsfolgen mit erwachsenen Schülern wird voll akzeptiert, wenn die wirklichen Schüler auch erwachsen sind. Wer sich jedoch auf die Arbeit an einer Grund-, Haupt- oder Sonderschule vorbereitet, möchte immer wieder erleben, wie Schulanfänger, Haupt- oder Sonderschüler sprechen, denken und fühlen.

Im Mittelpunkt der realen Unterrichtssituation steht an diesen Schulen das Bemühen des Lehrers, die Sprachebene der Schüler zu treffen, die kindlichen Denk- und Lernweisen zu verstehen und den Umgang im sozialen Bereich konstruktiv zu gestalten. Alle diese Komponenten entfallen jedoch bei einem »peerteaching«, und deshalb ist es nicht erstaunlich, wenn Studenten ein Training mit richtigen Schülern signifikant positiver einschätzen als ein Training mit Kommilitonen.[171]

Ein Training zum Kompetenzerwerb stößt also auf Kapazitätsprobleme, organisatorische Schwierigkeiten, den Mangel an kompetenten Trainern, auf ungünstige äußere Bedingungen und auf gerechtfertigte Vorbehalte der Studenten. Die Tatsache, daß sich im Hinblick auf die Praktikabilität der Kurse vor allem institutionsbedingte Schwierigkeiten zeigen, bedeutet keine Abwertung des Trainings an sich. Im Gegenteil, es wäre wünschenswert, wenn jede Lehrerausbildungs-Institution über geeignete Trainingszentren und qualifizierte Trainer verfügen würde.[172] Wenn heute ein Hochschullehrer in der vorlesungsfreien Zeit für eine überschaubare Gruppe einen Intensivkurs organisiert und durchführt, sollte dieses Vorhaben stets unterstützt werden. Doch da sich mittels solcher Kurse das Anliegen des Qualifikations- und Kompetenzerwerbs nur für wenige Studenten verwirklichen läßt, sind andere Veranstaltungsformen gefragt, die diesem Anliegen entgegenkommen und die sich an jeder beliebigen Institution während des Semesters durchführen lassen – so z.B. Kurse zur Qualifikations- und Kompetenzanbahnung in Großgruppen.

8.3 Qualifikations- und Kompetenzerwerb in der schulpraktischen Ausbildung und im Referendariat

Der Schwerpunkt der Ausbildung wird auch künftig in den Praktika und im Referendariat liegen. Kurse in Großgruppen während der üblichen Lehrveranstaltungen oder Kurse zum Situativen Lehrtraining können lediglich der Kompetenzanbahnung dienen und das Ausbildungsanliegen stützen.[173] Praktika erscheinen unverzichtbar, weil sie mit zahlreichen weiteren Zielsetzungen verknüpft sind. Die Praktikanten

- erhalten die Gelegenheit, ihren Berufswunsch, die Studienrichtung, die Wahl des Stufenschwerpunktes sowie die Fächerwahl aufgrund konkreter Erfahrungen zu überprüfen und etwaige Korrekturen vorzunehmen;
- erhalten Einblicke in das Berufsfeld aus der Perspektive angehender Lehrer, lernen verschiedene Schularten, Lehrer, Lerngruppen und Schüler kennen;
- sammeln entwicklungs- und lernpsychologische Erfahrungen, lernen kindliche Denk- und Lernweisen kennen und lernen, die Lernvoraussetzungen der Schüler verschiedener Altersstufen und Schularten besser einzuschätzen;
- erhalten Gelegenheit, verschiedene Unterrichtskonzeptionen, Lehr-Lern-Strategien und Methoden zu beobachten und einzuordnen;
- verfolgen unterschiedliche Lehr- und Erziehungsstile, übernehmen bestimmte Handlungen oder Verhaltensmuster oder lehnen sie ab;
- lernen Unterricht planen, fertigen Stundenentwürfe und erarbeiten Unterrichtseinheiten, üben sich in Sachanalysen, didaktischen Analysen und in Verlaufsplanungen;
- können den geplanten Unterricht selbst durchführen, Lehr-Lern-Prozesse steuern und dabei bestimmte Qualifikationen und Kompetenzen ansatzweise erwerben;[174]
- werden im Umgang mit Problemschülern und -gruppen gefordert, im Erwerb von Kompetenzen im sozialen Bereich;
- lernen, unterrichtliche Prozesse zu rekonstruieren und zu analysieren, eigene und fremde Handlungen und Verhaltensweisen einzuschätzen und nach anderen Möglichkeiten zu suchen;
- können aufgrund ihrer schulpraktischen Erfahrungen im eigenen Studium Schwerpunkte setzen und werden manchmal über die Praktika zum Besuch spezifischer Lehrveranstaltungen angeregt;

- erwerben sich in den Praktika die Grundvoraussetzung, um in bestimmten Veranstaltungen, z.b. bei Lehrplanfragen, mitdiskutieren zu können;
- erhalten Gelegenheit, einige der in den Lehrveranstaltungen gewonnenen Einsichten und Erkenntnisse auf die Handlungsebene zu übertragen;
- bereichern umgekehrt durch praktische Beispiele die Lehrveranstaltungen und stellen so einen Bezug zum Handlungsfeld her;
- und schließlich können sie von der zumeist vorherrschenden idealistischen Einstellung zu einer eher realistischen gelangen.

Was nun der einzelne Praktikant im Rahmen der Praktika konkret lernt, läßt sich aufgrund der hohen Komplexität des Arbeitsfeldes niemals exakt bestimmen. Den sehr unterschiedlichen Lehrvoraussetzungen entsprechend variieren die Lernergebnisse wahrscheinlich beträchtlich.[175] Doch wer Gelegenheit hat, über viele Jahre hinweg erste Lehrversuche im Eingangspraktikum und Lehrproben am Ende der Studienzeit zu vergleichen, der wird fast immer bemerkenswerte Lernfortschritte feststellen können.[176]

Damit ein Praktikum von allen Beteiligten als sinnvoll erlebt wird, müssen allerdings einige Voraussetzungen und Bedingungen erfüllt sein. So steigt die Effektivität der Praktika, wenn

Effektivitätsformel

wenige, gut vorbereitete und motivierte Praktikanten
(Frage der Gruppengröße – je kleiner die Praktikumsgruppe, desto größer sind die Übungsmöglichkeiten und desto intensiver können sich Ausbildungslehrer und Dozenten um jeden Praktikanten kümmern –, Frage der Einführungsveranstaltung zur Unterrichtsplanung, Frage der Berufswahl)

auf qualifizierte und motivierte Ausbildungslehrer/Mentoren treffen,
(Frage der Übernahme einer positiven Modellfunktion, der Anerkennung der Tätigkeit durch Deputatsnachlaß und/oder Zulage und durch ständige Kontakte zur Hochschule)

die Beratung durch fach-, methoden- und sozialkompetente Dozenten erfolgt,
(Frage eigener Unterrichtserfahrung, der Glaubwürdigkeit und der analytischen Kompetenz)

sich die Schüler auf die Praktikanten freuen,
(Frage der Belastbarkeit von Ausbildungsschulen und -klassen, des Wechsels der Bezugspersonen vor allem bei jüngeren Schülern)

der Unterricht kontinuierlich erlebt wird
(Frage der Organisation in Tages- oder Blockpraktika)

und wenn der Weg zum Schulort noch zumutbar ist.[177]

Vorstehende *Effektivitätsformel* macht einsichtig, daß es fast unmöglich ist, ein optimales Praktikum zu organisieren, in dem alle angeführten Variablen positiv zusammenspielen.[178] Zwar sind die Praktikanten in erster Linie selbst für das erfolgreiche Durchlaufen eines Praktikums verantwortlich, indem von ihnen die Bereitschaft erwartet wird, sich immer wieder neuen Erfahrungen auszusetzen und sich aktiv um einen Qualifikations- und Kompetenzerwerb zu bemühen. Doch entscheidend für ein effektives Praktikum ist auch die Fähigkeit der Ausbildungslehrer, Mentoren und Dozenten, die Rolle eines Supervisors problembewußt – und möglichst auf einem eigenen Erfahrungshintergrund – wahrzunehmen.

Was die Organisation anbelangt, so werden *Blockpraktika* im Vergleich zu Tagespraktika, bei denen die Praktikanten während des Semesters in jeder Woche an einem Vormittag in die Schulen gehen, zumeist als hilfreicher empfunden.

Langzeitbefragung von Hochschulabsolventen an der Pädagogischen Hochschule Heidelberg							
N = 132		Praktika (P)					
Zeitpunkt	N	P1/E	P2/T	P3/T	P4/B	P5/T	P6/B
5. 9.1984	29	–	3,7	3,3	2,2	2,8	2,6
12.10.1984	36	–	3,1	3,7	1,3	3,0	1,8
18.10.1987	23	–	2,7	3,1	1,6	2,0	2,2
4. 2.1990	44	–	3,1	3,2	1,5	2,6	2,5
Gewichtete x-Werte		–	3,2	3,3	1,6	2,6	2,3

Anmerkung: Die Befragung erfolgte auf einer 6-Punkte-Skala von 1 (besonders hilfreich) nach 6 (wenig hilfreich)
P = Praktikum
P1/E = Einführungsveranstaltung an der Hochschule mit schulpädagogischem Schwerpunkt
T = Tagespraktikum
B = Blockpraktikum

Wie die vorstehende Übersicht zeigt, wird das vierwöchige Blockpraktikum (P4/B) als besonders hilfreich erachtet. Die Studenten können sich dieses Praktikum auch hochschulfern selbst organisieren, die Kontinuität des Lehrens und Lernens wird über mehrere Wochen gewahrt, und es arbeiten nur ein oder zwei Praktikanten mit einem Mentor zusammen. Auf diese Weise lernen die Praktikanten auch die Schüler besser kennen, sind zunehmend in der Lage, deren Lernvoraussetzungen einzuschätzen und auf ihnen aufzubauen. Die wenigen Praktikanten werden zumeist auch von dem Lehrerkollegium freundlich aufgenommen und vorübergehend in das Kollegium integriert, so daß sich die Praktikanten eher akzeptiert fühlen. Der Mentor kann sich um jeden Praktikanten intensiv kümmern und ihm ein differenziertes Feedback geben. Die Praktikanten haben die Möglichkeit, sich ganz auf das Praktikum und auf den Erwerb von Lehrqualifikationen und Handlungskompetenzen zu konzentrieren. Werden Qualifikations- oder Handlungsdefizite sichtbar, kann man sich sofort am nächsten Tag um einen Ausgleich bemühen. Auf diese Weise haben ambitionierte Praktikanten im Verlauf des Praktikums einen Qualifikations- und Kompetenzzuwachs zu verzeichnen, was zu einem weiteren Motivationsschub führt.

Was den Qualifikations- und Kompetenzerwerb betrifft, so können die Studien- und Übungsunterlagen der Handlungsorientierten Didaktik in mehrfacher Hinsicht hilfreich sein. Ein Mentor beobachtet einen Praktikanten in einer Unterrichtsstunde, wie dieser z.B. zeichnet, erklärt, zuhört, auf Beiträge eingeht, ein Gespräch führt, mit Disziplinschwierigkeiten kämpft und Hausaufgaben stellt. Bei der Wahrnehmung dieser Aufgaben kann sich der Praktikant professionell oder laienhaft, überlegt oder unüberlegt darstellen. Im ungünstigsten Fall steht er hilflos an der Tafel, wischt mit Spucke in der Zeichnung herum, erklärt den Sachverhalt höchst mißverständlich, so daß sich die Schüler fragend ansehen und unruhig werden, hört den Schülern gar nicht zu, überhört wertvolle Beiträge, erkennt den Schwerpunkt eines Gespräches nicht, ist deshalb auch nicht in der Lage, den Gesprächsverlauf sinnvoll zu steuern, versucht mit untauglichen Mitteln, soziale Ordnung aufrechtzuerhalten und erteilt schließlich Hausaufgaben in eine allgemeine Unruhe hinein, so daß deren Anfertigung ohnehin in Frage gestellt ist.

Im günstigsten Fall zeichnet der Praktikant mit viel Übersicht, erklärt verständlich, und die Schüler folgen aufmerksam. Er hört den Schülern zu, integriert deren Beiträge in den Lehr-Lern-Prozeß, steuert den Gesprächsverlauf sensibel, wahrt auf diese Weise die erforderliche soziale Ordnung, wartet ab, bis sich alle Schüler auf die zu stellenden Hausaufgaben konzentrieren und beantwortet einige Rückfragen. Schüler, Praktikant und Mentor haben am Ende der Unterrichtsstunde das positive Gefühl, daß die Lehr- und Lernzeiten für alle Beteiligten sinnvoll genutzt worden sind.

Die beiden vorbeschriebenen Extreme treten höchst selten auf. Im Regelfall erweist sich ein Praktikant in Teilbereichen als qualifiziert und kompetent, so daß die Qualifikations- und Kompetenzdefizite also partiell auftreten. Wenn z.B. ein Praktikant eine völlig unzureichende Stundenskizze liefert, findet er in Teil I der Handlungsorientierten Didaktik ein entsprechendes Beispiel, an dem er sich orientieren kann. Zeigt er im Prozeß ein unsinniges Frageverhalten, dann liefert ihm das entsprechende Kapitel aus Teil II entsprechende Hinweise. Verzichtet er auf Erfolgskontrollen, vermag er über deren Bedeutung in Teil III nachzulesen. Hört er dem Mentor in der Auswertungsphase nicht einmal zu, indem er jede Anregung sofort von sich weist, kann ein Studium des Kapitels aus Teil III zum Erteilen und Entgegennehmen von Feedback hilfreich sein. Steht er Disziplinschwierigkeiten ratlos gegenüber, vermag er diesen Problemkreis mit Hilfe von Teil IV ansatzweise aufzuarbeiten. Und haben am nächsten Morgen nur 5 von 25 Schülern die Hausaufgaben, läßt sich dem Teil V eine Reihe möglicher Ursachen entnehmen. Den üblichen Qualifikations- und Handlungsdefiziten stehen also in den Teilen I bis V Handlungs- und Entscheidungshilfen gegenüber, auf die ein informierter Ausbildungslehrer, Mentor oder Dozent in der Ausbildungssituation hinweisen kann, was schließlich ökonomisch und zeitsparend ist.

Häufig sind die Praktikanten überrascht, wenn sie merken, daß es für bedeutsame Handlungskompetenzen, aber auch für zahlreiche konfliktträchtige Ereignisse, solche Studien- und

Übungsunterlagen gibt. Der gezielte Hinweis auf das objektivierte Studien- und Übungsmaterial führt weg von nur subjektiven Tips und hin zu einem begründeten Handlungswissen. Mit dieser Feststellung sollen jedoch die Studien- und Übungsunterlagen auch nicht überbewertet werden. Zwar können sie eine Handlungs- und Entscheidungsgrundlage liefern, doch werden durch sie keinesfalls die besonderen Bemühungen und Ratschläge eines Mentors oder Betreuers überflüssig, die sich auf einmalige und einzigartige Ereignisse oder Prozesse beziehen und die sich deshalb auch immer einer Darstellung entziehen werden.

Einmal können die Studien- und Übungsunterlagen also dem Ausgleich individueller Qualifikations- und Handlungsdefizite dienen, zum anderen ist ihr Einsatz aber auch im Hinblick auf bestimmte Lehr-Lern-Vorhaben und auf zu erwartende konfliktträchtige Ereignisse prospektiv möglich. Lehranfänger, die sich im Verlauf der Unterrichtsplanung überlegen, wie sie z.B. die Vorkenntnisse der Schüler aktualisieren, mit den Schülern über den Unterricht sprechen oder ihnen eine Geschichte erzählen sollen, können sich zur professionellen Ausgestaltung der beabsichtigten Lehr-Lern-Aktivitäten in den Unterlagen entsprechende Anregungen holen.

Die eigenständige Übertragungsleistung von den objektivierten Studien- und Übungsunterlagen hin zur besonderen Gestaltung der Lehr-Lern-Handlung, der Situation oder Situationsfolge, in die schließlich auch die individuellen Merkmale und Eigenschaften aller Beteiligten einfließen, entfällt allerdings nicht. Die Aufgabe, alle Handlungen letztlich doch selbst zu verantworten, kann keinem Lehrer abgenommen werden.

Der Schwerpunkt des Qualifikations- und Kompetenzerwerbs liegt im Referendariat, weil hier die Notwendigkeit professionellen Handelns besonders deutlich gespürt wird: Wer sich auf die Steuerung der Lehr-Lern-Prozesse – insbesondere auf Prüfungslehrproben – vorbereitet, ist natürlich am Qualifikations- und Kompetenzerwerb interessiert. Und wer am Ende eines Schulvormittags das Gefühl mit sich herumträgt, in bestimmten Situationen oder beim Auftreten konfliktträchtiger Ereignisse versagt zu haben, wird versuchen, solche Handlungsdefizite auszugleichen.

Berichten zufolge verwenden Referendare die Studien- und Übungsunterlagen auch für einen systematischen Kompetenzaufbau, indem sie sich von Tag zu Tag auf bestimmte Qualifikationen und Handlungskomptenzen konzentrieren, ein Kapitel der Studien- und Übungsunterlagen studieren, sich mit den Handlungsindikatoren vertraut machen und dann versuchen, die betreffenden Dyaden, Situationen oder Situationsfolgen professionell zu gestalten. Der systematische Aufbau eines Handlungsrepertoires ist allerdings zumeist nur in Verbindung mit planbaren methodischen Qualifikationen und Kompetenzen möglich.

8.4 Qualifikations- und Kompetenzerwerb durch Einsicht mittels schülerorientierter Argumentation

In diesem Kapitel soll zuerst der Frage nachgegangen werden, wie sich der Qualifikations- und Kompetenzerwerb im Rahmen der traditionellen Lehrerbildung vollzogen hat, um anschließend darzulegen, welche Veränderungen die Handlungsorientierte Didaktik bewirken kann.

Wer in den 60er Jahren Pädagogik studierte, tat dies im Glauben, zum Lehrer berufen zu sein und zu den »geborenen Erziehern« (Spranger 1958) zu gehören. Diese Vorstellungen sind auch heute noch aktuell, wenn z.B. von Rohdiamanten die Rede ist, die man schleifen müsse, um kostbare Edelsteine zu erhalten, und von Schottersteinen, bei denen alle Bemühungen umsonst seien.[179] Damals wie heute gibt es natürlich bei jedem Pädagogikstudenten ein genetisches Potential oder bestimmte Dispositionen, die günstige bzw. weniger günstige Voraussetzungen für das Studium und die Berufsausübung bieten; doch dies gilt für die Ausübung eines jeden Berufes.

Wer ein Pädagogikstudium aufnahm, war – damals wie heute – prägenden Einflüssen familialer und schulischer Sozialisation ausgesetzt. Der elterliche Erziehungsstil wirkt zumeist lebenslang weiter. Es ist zu vermuten, daß viele Ansprüche, die Eltern an ihr Kind stellen, in ähnlicher Weise vom Lehrer an die Schüler gerichtet werden. In seltenen Fällen mag es angehenden Lehrern gelingen, von den eigenen Sozialisationserfahrungen zu abstrahieren, um dann – nach einer Phase der kritischen Reflexion und Bewußtseinsveränderung – ganz anders zu verfahren.

Wer sich zu einem Pädagogikstudium entschließt, wurde auch jahrelang durch seine Lehrer beeinflußt. Die mit den eigenen Lehrern gemachten Erfahrungen bestimmen oft maßgeblich die Berufswahl, festigen den Entschluß, einem geachteten Lehrer nachzueifern oder durch die eigene Entscheidung die Schüler vor unqualifizierten und inkompetenten Lehrern zu bewahren. Das Lernen am Modell erfolgt im Verlauf der eigenen schulischen Sozialisation noch eher unbewußt. Doch in der Retrospektive versuchen angehende Lehrer, sich bestimmte Verhaltens- oder Handlungsmuster ehemaliger Lehrer zu vergegenwärtigen, um so erste Anhaltspunkte für den eigenen Lehr- und Erziehungsstil zu finden.

Die drei vorgenannten Faktoren – genetisches Potential, familiale und schulische Sozialisation – wirkten und wirken sich auch heute auf den Qualifikations- und Kompetenzerwerb aus, doch ein Vergleich der traditionellen Lehrerbildung mit der aktuellen Lehrerausbildung bringt deutliche Unterschiede hervor.

In den 60er Jahren gab es kaum handlungsrelevante schulpädagogische Literatur. Die »Grundformen des Lehrens« von Hans Aebli (1960) bildeten die Ausnahme, denn dieses Werk befaßt sich konkret mit Fragen des Qualifikations- und Kompetenzerwerbs. Ansonsten waren angehende Lehrer weitgehend auf das Lernen an Modellen, auf das Lernen durch Versuch und Irrtum und auf das Lernen am Erfolg angewiesen.

Das *Lernen an Modellen* erfolgte – und erfolgt auch heute noch dort, wo Praktika durchgeführt werden – über Ausbildungslehrer, Mentoren oder unterrichtende Dozenten. Versetzt man sich in die Lage eines Praktikanten, der sich bemüht, mit

Hilfe der ihm gebotenen Modelle Qualifikationen und Kompetenzen zu erwerben, lassen sich folgende Schritte erkennen, die bewußt oder unbewußt durchlaufen werden:

- Der Praktikant wird auf ein Ereignis aufmerksam, das mit dem Modell in Beziehung steht. Er ist überrascht, neugierig, betroffen, angenehm oder unangenehm berührt.
- Seine Wahrnehmungen konzentrieren sich auf das Ereignis und führen zu einer gezielten Beobachtung.
- Er versucht nun, sich die Reizkonfiguration bewußt zu machen und das Ereignis über einen Inferenzprozeß zu bezeichnen und zu beschreiben.
- Sodann wird ein Diskriminationsprozeß durchlaufen, der eine Bewertung impliziert und der zu einer Akzeptanz oder Ablehnung des Handelns, Tuns oder Verhaltens führt.
- Es erfolgt eine bewußte Selektion, die Entscheidung, eine als positiv erkannte Lehrhandlung oder Maßnahme zu übernehmen oder die als negativ erkannte abzulehnen.
- Schließlich wird versucht, die nachahmenswerten Lehrhandlungen und Maßnahmen in das eigene Handlungsrepertoire zu integrieren, wobei sich eine vorerst passive und eine aktive Integration unterscheiden lassen. Bei einer passiven Integration erfolgt lediglich eine Umstrukturierung des Repertoires im Bewußtsein des Praktikanten, während die aktive Integration eine Umstrukturierung durch eigenes Handeln impliziert.

Dieses Lernen an Modellen hatte und hat einige gravierende Nachteile. Einmal sind diese Lernprozesse stark dem Zufall ausgesetzt, weil die Modelle nicht über längere Zeit hinweg konstant positiv bleiben können. Hat ein Praktikant Glück, werden ihm im Verlauf der Praktika überwiegend positive Modelle geboten, mit denen er sich weitgehend identifizieren kann, hat er jedoch Pech, dann erlebt er zumeist, wie ein Lehrer nicht handeln sollte, und er empfindet solche Hospitationen als Zeitverlust. – Was einem Praktikanten im Verlauf der Praktika geboten wird, welche Unterrichtskonzeptionen und Methoden, welche Lehr-Lern-Handlungen, Lehr-Lern-Situationen und Situationsfolgen, welche pädagogischen Maßnahmen und Disziplinierungstechniken zum Einsatz kommen, ist ebenfalls rein zufällig. Im günstigsten Fall erlebt er eine moderne, offenere Unterrichtskonzeption, im ungünstigsten Fall wird ihm eine Konzeption vorgeführt, wie sie vor 20 Jahren üblich war; denn nicht jeder Ausbildungslehrer oder Mentor schöpft die didaktische Innovationsrate aus und bewegt sich auf der Höhe der Zeit. Die zufällig zu beobachtenden Handlungen und Maßnahmen sind nur Blitz- oder Schlaglichtern vergleichbar, welche die zentralen Arbeitsbereiche mit ihren bedeutsamen Qualifikationen und Kompetenzen nur mühsam aufhellen, nie aber gleichmäßig ausleuchten können. Über das Lernen an Modellen kann deshalb der Qualifikations- und Kompetenzerwerb nur unsystematisch und wenig ökonomisch betrieben werden. Zumindest erscheint es weder zu verantworten noch besonders ratsam, die Lehrerausbildung auf eine ganze Reihe von Zufälligkeiten zu bauen.

Angehende Lehrer, die im Verlauf der Praktika an Modellen lernen, begeben sich vorübergehend in eine gewisse Abhängigkeit von ihren Meistern. Dies kann – muß aber nicht – zur unreflektierten Übernahme fragwürdiger Verhaltensmuster führen, die Persönlichkeitsentwicklung beeinträchtigen, psychosoziale Fragwürdigkeiten hervorrufen oder hierarchische Abhängigkeiten fördern (Zifreund 1966).

Wenn angehenden Lehrern positive Modelle fehlten bzw. fehlen, bleibt ihnen oft nur die Möglichkeit, mit dem eigenen Verhalten zu experimentieren. Glückt der *Versuch,* wird die betreffende Lehrhandlung, die Maßnahme oder Methode ausgebaut, in das eigene Handlungsrepertoire integriert und im Bedarfsfall wieder abgerufen. Mißglückt der Versuch, wird die Handlung als *Irrtum* erkannt, manchmal voreilig fallengelassen oder verdrängt. Auch heute noch werden angehende Lehrer häufig von ihren Ausbildungslehrern, Mentoren oder Dozenten dazu angehalten, experimentierend Qualifikationen und Kompetenzen zu erwerben. Und damals wie heute kann man wohl nicht ganz auf diese Art des Lernerwerbs verzichten, denn schließlich müssen angehende Lehrer auch lernen, etwas zu wagen. Doch didaktische und pädagogische Experimente sollten nicht zu weit gehen, und an dieser Stelle sei eine Frage erlaubt: Welcher Oberarzt gestattet schon einem Arzt im Praktikum, eine komplizierte Operation an einem Patienten auszuprobieren? Welcher Goldschmiedemeister fordert seine Auszubildende im ersten Jahr auf, mit einem hochkarätigen Stein zu experimentieren? – Da beim Experimentieren mit Schülern der Ausgang nicht tödlich und auch kein beträchtlicher materieller Verlust zu beklagen ist und die Schüler sich nur durch allgemeine Disziplinlosigkeit gegen wilde Experimente wehren können, kann man es sich offensichtlich auch weiterhin leisten, Lehranfänger zum Experimentieren zu ermutigen. So betrachtet erscheinen didaktische und pädagogische Experimente nur gerechtfertigt, wenn keine konkreten Handlungs- und Entscheidungshilfen zur Verfügung stehen, sie sorgfältig durchdacht worden sind und verantwortet werden können.

Neben dem Lernen an Modellen und dem Experimentieren spielte und spielt das *Lernen am Erfolg* eine wichtige Rolle. Wenn z.B. im Anschluß an eine Lehrprobe ein Mentor zum Praktikanten sagt:»Diese Stunde hat mir in allen Teilen gefallen, das hätte ich auf keinen Fall besser machen können«, oder wenn die Schüler nach einer Stunde zur Referendarin kommen und sagen:»Heute hat der Unterricht richtig Spaß gemacht«, oder wenn Schüler den Lehrer nach einer Lehrprobe auffordern:»Bleiben Sie doch bei uns, und werden Sie unser Klassenlehrer« – dann werden diese Lehrpersonen über die zu verzeichnenden Erfolge positiv verstärkt. Sie werden vermutlich den nächsten Unterricht wieder sorgfältig planen und sich um die zur Durchführung erforderlichen Qualifikationen und Kompetenzen bemühen. Leider sind Erfolge dieser Art recht selten, weil Schüler, Eltern, Kollegen und Vorgesetzte – ob nun zu Recht oder Unrecht – einen qualifizierten Unterricht als Selbstverständlichkeit erachten.

Was hat sich heute im Vergleich zur traditionellen Lehrerbildung geändert?

Nach wie vor erscheinen die drei Voraussetzungsfaktoren –

genetisches Potential, familiale und schulische Sozialisation – für den Qualifikations- und Kompetenzerwerb bedeutsam, wenngleich man heute den Dispositionen einen geringeren Stellenwert beimessen und die Auffassung vertreten darf, daß das Lehren – wie jeder andere Beruf – weitgehend erlernbar ist und nur gewisse eingeschränkte Bereiche der Lehrerpersönlichkeit vorbehalten bleiben. Auch kann man heute nicht auf die drei beschriebenen Komponenten des Qualifikations- und Kompetenzerwerbs ganz verzichten. Meisterlehrer (Berliner 1986), die positive Modelle bieten, sind oft ihrer Zeit voraus, indem sie Handlungen, Methoden oder Unterrichtskonzeptionen bieten, die von anderen Lehrern so noch nicht realisiert werden können. Solche Lehrer wirken auf hospitierende Praktikanten stimulierend, sie fordern dazu auf, die mögliche Innovationsrate in Schule und Unterricht auszuschöpfen. Was wäre eigentlich, so muß man sich fragen, wenn es keine hervorragenden Lehrer geben würde? An wem sollten sich dann angehende Lehrer, aber auch Dozenten, orientieren? An der Mittelmäßigkeit oder an einer überwiegend negativen Praxis?

Auf Bemühungen, bestimmte Lehrhandlungen, pädagogische Maßnahmen oder Methoden nach dem Prinzip »trial and error« zu erproben, kann heute und künftig nicht ganz verzichtet werden. Das gilt einmal für neuartige Handlungen, für die noch keine Handlungs- und Entscheidungshilfen zur Verfügung stehen, zum anderen aber auch für verschiedene Schüler und Schülergruppen. Schließlich wissen erfahrene Lehrer, daß in der einen Lerngruppe möglich ist, was in der anderen so nicht geht, und sie sind deshalb zum Probehandeln genötigt. – Und die dritte Komponente, das Lernen am Erfolg, wird auch in Zukunft eine Rolle spielen, wenn z.B. pädagogische Erfolge im Umgang mit Problemschülern zu verzeichnen sind oder ansprechende Lehr-Lern-Leistungen erzielt werden können. Doch treten insgesamt gesehen die drei vorbeschriebenen Komponenten des Qualifikations- und Kompetenzerwerbs etwas zurück.

Im Gegensatz zur traditionellen Lehrerbildung verfügt die heutige Lehrerausbildung über handlungsrelevante Literatur (z.B. Grell/Grell 1990, H. Meyer 1989 u. 1990, Miller 1986) sowie über eine Vielzahl von Publikationen zu einzelnen Qualifikationen und Handlungskompetenzen. Angehende Lehrer müssen nicht mehr – und das oft vergebens – in einer für sie unübersehbaren Flut pädagogischer Schriften nach Handlungs- und Entscheidungshilfen suchen, die dem Qualifikations- und Kompetenzerwerb dienen könnten, sondern sie haben heute die Möglichkeit, direkt und gezielt das Anliegen des Qualifikations- und Kompetenzerwerbs zu verfolgen.

Die Handlungsorientierte Didaktik konzentriert sich auf das Anliegen, angehenden Lehrern beim Qualifikations- und Kompetenzerwerb zu helfen, sie vermehrt in die Lage zu versetzen, human, demokratisch und effektiv Unterricht zu planen, durchzuführen und auszuwerten. Das zentrale Handlungsfeld ist in überschaubare Aufgabenbereiche gegliedert, Studenten, Praktikanten und Referendare haben heute die Möglichkeit, sich *modellunabhängig und eigenständig* mittels der Studien- und Übungsunterlagen auf die Teilbereiche der Unterrichtsplanung, -durchführung und -auswertung, auf die sozialen Aufgaben der Konfliktprophylaxe, -intervention und -analyse sowie auf die Hausaufgabenproblematik vorzubereiten. Sie können sich einlesen, einarbeiten, Bewußtseinsinhalte etablieren und das Handlungsrepertoire systematisch ausweiten. Im Unterschied zu den aufgezeigten Möglichkeiten des Qualifikations- und Kompetenzerwerbs wird versucht, das *Lernen durch Einsicht* in den Mittelpunkt zu rücken, indem jeder Handlungsindikator, jede empfohlene Maßnahme und jede Leitlinie eine möglichst stimmige Begründung erfährt. Einige Beispiele sollen dieses zentrale Anliegen verdeutlichen:

– Wenn sich Lehrer nicht um die Lernvoraussetzungen ihrer Schüler kümmern, sind Über- und Unterforderungen unausweichlich.

– Wer die Lernvoraussetzungen seiner Schüler falsch einschätzt, kann keine sinnvollen Differenzierungsmaßnahmen ergreifen.

– Wenn der Lehrer vom Wert der Lerninhalte und Ziele

132

selbst nicht überzeugt ist, kann er von den Schülern kein Interesse erwarten.

- Wer als Lehrer die Sache nicht kennt, um die es im Unterricht geht, wird bei Schülerfragen nervös werden.
- Lehrer, die keine Zielvorstellungen entwickeln und nicht eine Vielzahl möglicher Lernziele sehen, sind nicht in der Lage, einen Lehr-Lern-Prozeß sinnvoll zu steuern.
- Wer Schüler an der Planung beteiligt, macht den Lehr-Lern-Prozeß zu einem gemeinsamen Anliegen.
- Lehrer, die nie die Sozialform wechseln, ignorieren das natürliche Kommunikationsbedürfnis der Schüler und vernachlässigen den Bereich des sozialen Lernens.
- Werden die Lehr-Lern-Tempi verschleppt, müssen sich aktive Schüler anderweitig beschäftigen.
- Wendet sich ein Lehrer für längere Zeit einem Schüler oder einer Kleingruppe zu, fühlen sich die anderen Schüler vernachlässigt.
- Schlagen sich einige Schüler und sieht der Lehrer weg, dann machen sie munter weiter und denken sich, bei dem ist alles erlaubt.
- Erhalten Grundschüler attraktives Lehrmaterial und möchte der Lehrer anschließend einen Arbeitsauftrag stellen, hören die Schüler nicht mehr zu.
- Verlangt ein Lehrer von seinen Schülern ohne ersichtlichen Grund, daß sie schweigen und stillsitzen, fühlen sie sich diszipliniert und rebellieren – hoffentlich.
- Wenn Lehrer immer nur Fragen auf der Kenntnisebene stellen, fühlen sich die Schüler gelangweilt und werden unruhig.
- Wenn Lehrer jüngeren Schülern mehrere Fragen auf einmal stellen, wissen diese nicht, welche Frage sie zuerst beantworten sollen, und werden stark verunsichert.
- Wenn Lehrer häufig zu spät kommen, sind die Schüler bald auch nicht mehr pünktlich ...

Im Rahmen Handlungsorientierter Didaktik werden alle Handlungsindikatoren und Handlungsempfehlungen möglichst schülerorientiert begründet. Solche Begründungen werden aus mehreren Quellen gespeist, einmal aus der Quelle der Unterrichtswissenschaft, sodann aus der Quelle der Handlungs-, Ereignis- und Maßnahmenanalysen und schließlich aus der des Erfahrungswissens. Jede Begründung soll nur so lange aufrechterhalten werden, bis sie durch eine andere, stimmigere ersetzt werden kann.

Wie Lehrer letztlich ihre Qualifikationen und Kompetenzen erwerben, läßt sich immer nur vermuten, nie aber exakt bestimmen. Dazu sind schon die Lehrvoraussetzungen zu unterschiedlich, das genetische Potential, die Einflüsse der familialen und schulischen Sozialisation. In Kursen zur Qualifikations- und Kompetenzanbahnung in Großgruppen, in Kursen zum Situativen Lehrtraining, in den Praktika und im Referendariat wird auch künftig ein Lernen an Modellen, ein Lernen durch Versuch und Irrtum sowie ein Lernen am Erfolg stattfinden. Die Studien- und Übungsunterlagen bieten zusätzlich die Möglichkeit eines mentalen Trainings, eines eigenständigen und einsichtigen Lernens. Doch dürfen alle diese Aktivitäten nicht überbewertet werden. Wer z.B. weiß, wie man Arbeitsaufträge stellen sollte, der wird noch nicht in der Lage sein, in jeden Lehr-Lern-Prozeß Arbeitsaufträge einzubringen, die einem hohen professionellen Anspruch genügen. Die Etablierung entsprechender Bewußtseinsinhalte bildet hierzu nur eine wichtige Voraussetzung. Um handlungskompetent werden zu können, bedarf es wohl wiederholter Versuche im unterrichtlichen Kontext und in wechselnden Handlungsbezügen.

9. Plädoyer für ein schul-
pädagogisches Basiscurriculum

Um jedes Mißverständnis auszuschließen, sei vorausgeschickt, wie bedeutsam die Freiheit von Forschung und Lehre ist, die Lehrangebots- und die Studienfreiheit für Dozenten und Studenten an Pädagogischen Hochschulen und Erziehungswissenschaftlichen Fakultäten, eine Freiheit, die es unbedingt zu bewahren gilt, welche die Motivation der Beteiligten mit trägt und Möglichkeiten eröffnet, auf Herausforderungen zu antworten und nach neuen Lösungen zu suchen.

Wenn dennoch für ein schulpädagogisches Basiscurriculum plädiert wird, geschieht dies im Bestreben, das Niveau der Lehrerausbildung generell anzuheben, den Studienanfängern eine bessere Orientierung zu bieten, das zentrale Handlungsfeld in den Mittelpunkt des Studiums zu stellen, die Überschneidungen zwischen den Lehrveranstaltungen einzuschränken und eine Verbindung zwischen der Hochschullehre und der schulpraktischen Ausbildung sowie dem Referendariat zu schaffen.

Kein anspruchsvoller akademischer Studiengang kann auf grundlegende Lehrveranstaltungen verzichten. So hat z.B. jeder angehende Psychologe Veranstaltungen wie Statistik, Testpraktikum, Testkonstruktion, Testtheorie und Methodenlehre zu durchlaufen, bevor er das Vordiplom ablegen und weiterführende Lehrveranstaltungen besuchen darf. Und ein Medizinstudent hat vor dem Physikum essentielle Fächer wie Physik, Chemie, Biologie, Medizinische Psychologie, Physiologie, Physiologische Chemie (Biochemie), Makroskopische Anatomie, Mikroskopische Anatomie (Histologie) und Medizinische Terminologie zu belegen. Auf diese Weise gewinnen die Lehrenden eines Fachbereichs einen Überblick, was gelehrt und studiert wird, können die Voraussetzungen ihrer Hörer einschätzen, Überschneidungen weitgehend vermeiden und in Hauptseminaren auf das Grundstudium zurückgreifen. Im Bereich der Erziehungswissenschaften ist die Lehrangebots- und Studiensituation vergleichsweise desolat. Pädagogikstudenten besuchen zwar auch in den ersten Semestern Einführungsveranstaltungen, doch werden die Lehr- und Studieninhalte selten transparent gemacht, was zu zahlreichen Überschneidungen führt. Sodann wählen die Studenten recht willkürlich jene Veranstaltungen aus, in denen sie einen Schein erwerben können, die Lücken im individuellen Stundenplan schließen, die auch von Freunden besucht oder von sympathischen Dozenten durchgeführt werden. Auf diese Weise belegen angehende Lehrer Lehrveranstaltungen, wie z.B. »Die Theorie und Praxis der antiautoritären Erziehung«, »Maria Montessori und ihr Lebenswerk«, »Die Weltanschauung und Entwicklungslehre Rudolf Steiners« oder »Der französische Lehrer und Reformpädagoge Célestin Freinet«, ohne Unterricht qualifiziert planen, zwischen anspruchslosen und anspruchsvollen Fragen unterscheiden, Unterrichtsgespräche führen, Diskussionen leiten, Arbeitsaufträge formulieren und Erfolgskontrollen durchführen zu können. Nun soll in diesem Zusammenhang keinesfalls behauptet werden, daß es wenig sinnvoll sei, sich intensiv mit Neill, Montessori, Steiner oder Freinet zu befassen, doch aus der Sicht Handlungsorientierter Didaktik sollte der Erwerb grundlegender Lehrqualifikationen und Handlungskompetenzen Vorrang haben. Für die zu unterrichtenden Schüler ist es weniger bedeutsam, ob ihr Lehrer tiefere Einsichten in eine Erziehungskonzeption gewonnen hat, für sie ist es wichtig, ob ihr Lehrer zuhören, zwischen divergenter und konvergenter Produktion unterscheiden und ihnen ein differenziertes Feedback geben kann. Denn die Qualifikations- und Kompetenzdefizite werden in allen Stadien der beruflichen Sozialisation offenbar, im Rahmen der schulpraktischen Ausbildung, im Referendariat, bei Junglehrern und auch bei einigen alterfahrenen Lehrern.

Für ein schulpädagogisches Basiscurriculum, welches sich auf das zentrale Handlungsfeld bezieht, zeichnen sich zumindest sieben Lehrveranstaltungen ab:
1. Unterrichtsplanung
2. Unterrichtsdurchführung I
3. Unterrichtsdurchführung II
4. Leistungsmessung und Zensurengebung
5. Unterrichtsanalyse und Lehrerbeurteilung
6. Sozialkompetenz und Konfliktfähigkeit
7. Hausaufgabenproblematik

Ein solches schulpädagogisches Basiscurriculum würde einige bemerkenswerte Vorteile bieten:
– Die angehenden Lehrer werden zu Beginn des Studiums auf die im Beruf wahrzunehmenden Aufgaben hingelenkt, und deshalb können sie eher zielorientiert studieren.
– Der Erwerb und die Bewußtmachung bedeutsamer Lehrqualifikationen und Handlungskompetenzen rücken in den Mittelpunkt des Studiums.
– Viele Überschneidungen zwischen den erziehungswissenschaftlichen Lehrveranstaltungen entfallen, da sich alle Hochschullehrer auf diese Lehrveranstaltungen beziehen, Abgrenzungen vornehmen und weiterführende Veranstaltungen anbieten können.
– Das schulpädagogische Grundstudium kann sich in einer einheitlichen und allgemeinverständlichen Fachsprache vollziehen, was sich auf alle Bereiche – nicht zuletzt auch auf den der Studien- und Ausbildungsökonomie – positiv auswirkt.
– Ausbildungslehrer, Mentoren und Dozenten, welche Praktikanten zu betreuen haben, können sich auf die Studieninhalte beziehen und konkrete Hinweise zum Qualifikations- und Kompetenzerwerb geben.
– Die gleichen Vorteile bieten sich für die Ausbilder in der zweiten Phase der Lehrerbildung, die Referendare zu betreuen haben.

Die Etablierung dieses schulpädagogischen Basiscurriculums würde die Einsicht aller für das Pädagogikstudium Verantwortlichen voraussetzen, daß Schüler in erster Linie Anspruch auf fach-, methoden- und sozialkompetente Lehrer haben und jede Hochschule einen Beitrag zur Einlösung dieses Anspruchs zu erbringen hat. Die Umsetzung der Idee würde Änderungen der Prüfungs- und Studienordnungen voraussetzen, damit der notwendige schulpädagogische Schwerpunkt gesetzt werden kann. Sodann wäre ein turnusmäßiges Lehrangebot auszuweisen, welches den Studenten erlaubt, innerhalb eines Kurzzeitstudienganges die sieben Veranstaltungen zu durchlaufen. Und schließlich würden Hochschullehrer benötigt, die bereit und in der Lage sind, Lehrveranstaltungen zur Qualifikations- und Kompetenzanbahnung anzubieten.

10. Einsichten und Erkenntnisse

Die Gesamtheit der hier formulierten Studien- und Übungsziele zeigt den Lehrberuf als eine *hochkomplexe Tätigkeit* – was ja keineswegs neu ist –, nur läßt sich nun ziemlich genau sagen, worin diese komplexe Tätigkeit im einzelnen besteht. Ein Blick in die Taxonomie von Handlungskompetenzen für den methodischen Bereich macht deutlich, daß sich Angehörige anderer Berufsgruppen um den Erwerb nur weniger Handlungskompetenzen bemühen müssen. Gesprächspsychotherapeuten z.b. befassen sich innerhalb ihrer Ausbildung überwiegend mit der Führung von Einzel- und Beratungsgesprächen (4.10 und 4.11), während Lehrern etwa 30 weitere Handlungskompetenzen abverlangt werden.

Die vielen Studien- und Übungsziele dokumentieren weiterhin den *hohen Schwierigkeitsgrad* bei der Berufsausübung. So wird es verständlich, daß sich die Bemühungen um Perfektion im allgemeinen auf wenige Lehrproben oder Schaustunden beschränken, weil ein Lehrer mit vollem Deputat über längere Zeit hinweg einem hohen Anspruch kaum genügen kann. Wer sich dennoch über Jahre hinweg darum bemüht, einen humanen, demokratischen und effektiven Unterricht fach-, methoden- und sozialkompetent zu realisieren, verdient Anerkennung und Respekt.[179] Aufgrund des hohen Schwierigkeitsgrades bewegen sich problembewußte und selbstkritische Lehrer oft in einem Arbeitsfeld, das sie als unvollkommen und verbesserungsbedürftig erleben, und sie leiden unter der Tatsache, den Schülern keinen optimalen Unterricht bieten zu können. Verantwortungsbewußte Lehrer, die es sich finanziell leisten können, ziehen aus dieser Einsicht Konsequenzen und verzichten auf ein volles Deputat, um so den eigenen Erwartungen und denen der Schüler besser gerecht werden zu können.[180]

Die Handlungsorientierte Didaktik führt zu einem *neuen Methodenverständnis* und eröffnet im Bereich der Methodenlehre neue Forschungsmöglichkeiten. Pädagogen, Erziehungswissenschaftlicher und Pragmatiker werden nicht müde, Lehrern immer wieder neue Artikulationsschemata anzubieten. Das bekannteste Schema stammt wohl von H. Roth – Motivation, Schwierigkeiten, Lösung, Tun, Behalten, Übertragung –, und das populärste Rezept von J. und M. Grell – Auslösen positiver reziproker Affekte, informierender Unterrichtseinstieg, Informationsinput, Anbieten von Lernaufgaben, selbständige Arbeit an Lernaufgaben: Lernerfahrungen machen, Auslöschung, Feedback und Weiterverarbeitung oder Rendezvous mit Lernschwierigkeiten, Verschiedenes oder Gesamtevaluation (Grell/Grell, a.a.O.; vgl. auch H. Meyer, a.a.O.). Allein die Vielzahl der Schemata läßt den Handlungsanalytiker mißtrauisch werden und legt die Vermutung nahe, daß kein Schema wirklich trägt. Und fragt man problembewußte und erfahrene Lehrer, nach welchem Artikulationsschema sie ihren Unterricht planen und durchführen, stößt man fast immer auf Unverständnisn. Diese Lehrer haben zwar einige Leitlinien für den Aufbau eines qualifizierten Unterrichts verinnerlicht und gehen z.b. vom Einfachen zum Schwierigen, vom Konkreten zum Abstrakten, berücksichtigen dabei auch Aspekte der Sachlogik, regen die Schüler zum Lernen an, ermutigen sie zum Weiterlernen und lenken ihre Lernbemühungen auf Ziele hin – doch nach einem Artikulationsschema gehen diese Lehrer nicht vor.

Aus der Perspektive Handlungsorientierter Didaktik stellen sich Methoden als Abfolgen von Lehr-Lern-Handlungen, Lehr-Lern-Situationen und Situationsfolgen dar, die sich in einer unendlichen Anzahl von Kombinationsmöglichkeiten zeigen, wobei diese Lehr-Lern-Folgen aufgrund der sozialen Ereignisse und der organisatorischen Maßnahmen im Prozeß zu modifizieren sind. Ein Blick in die Taxonomie von Handlungskompetenzen für den methodischen Bereich verdeutlicht eine Vielzahl möglicher Kombinationen, möglicher Lehr-Lern-Folgen und möglicher Lehr-Lern-Prozesse. Der handelnde Lehrer steht immer wieder vor der Aufgabe, die Dyaden, Situationen und Situationsfolgen sinnvoll aufeinander zu beziehen.

Nach einer Aufschlüsselung der Studien- und Übungsziele sowie der zu erwerbenden Qualifikationen und Handlungskompetenzen erscheint auch die gerechtfertigte Forderung der Lehrer nach *Methodenfreiheit* in einem neuen Licht. – Früher verbarg sich hinter diesem Begriff und dieser Forderung auch viel Unvermögen und Dilettantismus. Doch heute läßt sich dieses Anliegen präziser fassen und auch vertreten: Lehrer, die zuhören und beobachten, durchdacht fragen, auf Schülerbeiträge eingehen, Gespräche führen, verständlich erklären, schülergemäße Arbeitsaufträge stellen können u.a.m., diese handlungskompetenten Lehrer sollten auch frei über die Lehr-Lern-Folge und über den Prozeßverlauf entscheiden.

Über eine Analyse des zentralen Handlungsfeldes ergeben sich auch neue Gesichtspunkte für die *Lehrerbeurteilung*. Nach wie vor erscheint es sinnvoll, sich bei der Beurteilung auf das zentrale Handlungsfeld zu beziehen, also die Frage zu beantworten, ob der betreffende Lehrer fach-, methoden- und sozialkompetent Unterricht planen, durchführen und auswerten kann und ob dieser Unterricht übergeordneten Normen und Wertvorstellungen entspricht. Mit Hilfe des Verfahrens zur Unterrichtsanalyse, zur Handlungs-, Ereignis- und Maßnahmenanalyse, lassen sich nun die einzelnen Lehr-Lern-Handlungen, Handlungsstrukturen und Struktursequenzen einer genaueren Betrachtung unterziehen, wobei die Unterscheidung zwischen grundlegenden, möglichen und individuellen Handlungsindikatoren bedeutsam wird. Wer die grundlegenden Handlungsindikatoren beherrscht und um die möglichen weiß, dokumentiert einen hohen Grad an Professionalität und sollte dann auch günstig beurteilt werden. – Um einen problembewußten Umgang mit diesem Ansatz bei der Evaluation zu er-

möglichen, sei angemerkt, daß die grundlegenden Handlungsindikatoren einen Pool bilden, der in einer konkreten Lehr-
Lern-Situation selten voll ausgeschöpft wird. Diese Anmerkung ist deshalb so wichtig, weil naive Beurteiler Indikatoren
einfordern oder anmahnen könnten, wo dies nicht unbedingt
notwendig erscheint.[181]

Im Anschluß an die Studien- und Übungsziele sowie die
Taxonomie von Handlungskompetenzen für den methodischen
Bereich läßt sich ziemlich genau beschreiben, welche Aufgaben innerhalb der zentralen Arbeitsbereiche *kreatives Handeln*
vom Lehrer verlangen. Wenn an dieser Stelle über methodische und didaktische Kreativität nachgedacht wird, dann geschieht dies, um hervorzuheben, daß es bei Lehrern nicht nur
darauf ankommt, hin und wieder eine glänzende Idee zu haben, sondern daß viele alltägliche Aufgaben Phantasie und
Originalität fordern. – Phantasie ist schon bei der Planung gefragt, wenn eine geeignet erscheinende Lehr-Lern-Folge zu
konzipieren ist, also die vielen möglichen Lehr-Lern-Handlungen, Situationen und Situationsfolgen zu kombinieren sind.
Einem kreativen Lehrer fallen neue Möglichkeiten der Lernmotivierung ein, er gestaltet Arbeitsblätter mit hohen Lernan-
reizen, baut in Aufgabenblätter originelle Möglichkeiten der
Erfolgskontrolle ein oder erfindet Lernspiele, an denen die
Schüler ihre Freude haben. Im Unterricht selbst ist sein Einfallsreichtum in Verbindung mit den prozeßbegleitenden Kompetenzen gefragt, die sich meist als Handlungsspektren darstellen, wenn es z.B. darum geht, angemessene Lernhilfen zu
geben, auf Schülerbeiträge oder -fragen zu antworten oder die
Schüler zum Weiterarbeiten zu ermutigen. Ein kreativer Lehrer findet in Phasen der Binnendifferenzierung oder Freiarbeit
stets im richtigen Moment für jeden Schüler die angemessene
Aufgabe oder Lernhilfe. Er kann auf unvorhersehbare Ereignisse einfallsreich antworten, ist in der Lage, auch verhaltensoriginelle Schüler in die Lerngruppe zu integrieren, und er
produziert bei einem konfliktanalytischen Bemühen in kürze-
ster Zeit ein breites Einfallsspektrum, das der Konfliktbewältigung dienen kann.[182]

In Verbindung mit diesem Ansatz stellt sich erneut die Frage nach der *Trainierbarkeit* bestimmter Qualifikationen und Handlungskompetenzen. Die zusammengestellten Studien- und Übungsziele machen deutlich, daß sich nur wenige für ein Training eignen, die Mehrzahl der Ziele über kognitive Verarbeitungsprozesse anzustreben sind. Uneingeschränkt trainieren lassen sich eigentlich nur die Handlungskompetenzen zur Gesprächs- und Diskussionsführung sowie zur Informationsvermittlung und Präsentation. Und für den sozialen Bereich ergeben sich stark eingeschränkte Möglichkeiten eines Interventionstrainings und für Übungen zur Konfliktanalyse. In diesem Zusammenhang ist die Frage der *Gewichtung* einzelner Studien- und Übungsziele völlig offen. Es mag ja sinnvoll sein, das Führen von Gesprächen, das Formulieren von Arbeitsaufträgen oder die Anleitung der Schüler zur Kleingruppenarbeit zu trainieren, aber was für ein Gewicht einzelnen Qualifikationen und Handlungskompetenzen beizumessen ist, läßt sich nur abschätzen.

In diesem Buch wurden verschiedene *Methoden des Kompetenzerwerbs* vorgestellt, ein systematischer Kompetenzaufbau mit Hilfe der Studien- und Übungsunterlagen, Lehrveranstaltungen in Großgruppen zur Kompetenzanbahnung im Anschluß an Banduras sozial-kognitive Theorie, das Situative Lehrtraining sowie Möglichkeiten, die sich im Verlauf der Praktika und des Referendariats eröffnen. Da keinem angehenden Lehrer die Mühe des eigenständigen Kompetenzerwerbs abgenommen werden kann und Menschen erfahrungsgemäß in verschiedenen Lernprozessen unterschiedlich profitieren, kommt es wohl auch in Zukunft darauf an, verschiedene Methoden anzubieten und diese individuell nutzen zu lassen. Die Methoden des Kompetenzerwerbs müssen sich leider auch mit nach den Voraussetzungen richten, die eine Institution bietet, Bedingungen, die sich nicht ohne weiteres verändern lassen. Und so können die Kurse in Großgruppen zur Kompetenzanbahnung als gelungener Versuch betrachtet werden, auf unzulängliche Rahmenbedingungen zu reagieren. – Handlungsanalytiker und Trainer sollten sich für neue Methoden des Kompetenzerwerbs offenhalten und die Verfahren auf die Möglichkeiten der jeweiligen Institution abstimmen.

Mit der Handlungsorientierten Didaktik wird der Zusammenhang zwischen normativen und methodischen Entscheidungen deutlich. Für die Setzungen – human, demokratisch und effektiv – gibt es heute in unserem Kulturkreis und Gesellschaftssystem wohl keine echten Alternativen. Doch was bedeuten diese Setzungen ganz konkret im Hinblick auf den Umgang mit den Schülern und auf die Methodenwahl? Lehrer, die sich um einen *humanen* Unterricht bemühen, werden u.a. den Eigenwert eines jeden Schülers anerkennen, ihn akzeptieren, respektieren und in seiner Art tolerieren. Sie werden Lernvoraussetzungen, individuelle Lernbedürfnisse, Interessen und besondere Ereignisse berücksichtigen. Diese Lehrer werden die Anforderungen auf das Lernvermögen einzelner Schüler abstimmen, Differenzierungsmaßnahmen ergreifen, individuelle Lernhilfen anbieten, Über- bzw. Unterforderungen vermeiden, die Lernleistungen den Lernvoraussetzungen entsprechend beurteilen und den Wert der Schüler nicht vordergründig über schulische Leistungen definieren. Sie werden Schülern Verständnis entgegenbringen, sie individuell beraten und bemüht sein, ihr Selbstwertgefühl und ihre Lebensfreude zu erhalten.

Lehrer, die im Unterricht *demokratisch* verfahren, werden u.a. die Interaktionen zwischen den Schülern fördern, soziale Lernziele verfolgen und demokratische Gepflogenheiten einüben. Sie werden die Beteiligungsspielräume der Schüler nutzen, sie in methodische und didaktische Entscheidungen einbeziehen, häufig metaunterrichtlich verfahren, um so das Lehren und Lernen zu einem gemeinsamen Anliegen werden zu lassen. Diese Lehrer gehen von einem nahezu uneingeschränkten Fragerecht der Schüler aus, sie tolerieren kritische Stellungnahmen auch dann, wenn sie überzogen erscheinen, und sie verfahren metakommunikativ, um den Schülern die Grenzen aufzuzeigen. Wer demokratisch lehrt, greift gegensätzliche Positionen auf und läßt sie diskutieren und macht verschiedene Sichtweisen deutlich, um so zur Toleranz zu erziehen. Und wer einen demokratischen Erziehungsstil pflegt, verzichtet möglichst auf Disziplinierungstechniken und ergreift pädagogische Maßnahmen, die sich den Schülern gegenüber begründen lassen.

Und wer *effektiv* lehren möchte, wird sich an den Ergebnissen angelsächsischer Lehr-Lern-Forschung orientieren, wird eine lernzielorientierte Unterrichtskonzeption verfolgen und – soweit es die Rahmenbedingungen gestatten – offenere Konzeptionen anstreben (Bloom 1984).[183] Diese Lehrer werden die bei Walberg (1984) ausgewiesenen Effektgrößen berücksichtigen und nach Möglichkeit die Lehr-Lern-Prozesse individualisieren, die Schüler loben und ermutigen, ihnen möglichst oft ein differenziertes Feedback geben, ihnen sagen, was gut und weniger gut war, Lernhilfen geben und Sachverhalte verständlich erklären. Wer effektiv lehrt, fördert die Mitarbeit der Schüler durch einen anschaulichen und abwechslungsreichen Unterricht, nutzt die zur Verfügung stehende Zeit und ist bestrebt, die Schüler immer wieder in neue Lernaktivitäten zu involvieren. Diese Lehrer werden ihre Schüler dazu anhalten, Texte selbständig zu erschließen und Aufgabenstellungen zu durchschauen, und sie werden ihre Schüler auffordern, sich gegenseitig beim Lernen zu helfen. Wer effektiv lehrt, kontrolliert die Hausaufgaben, ist um ein konstruktives Lernklima bemüht, aktualisiert Vorkenntnisse und schafft immer wieder ein Lernplateau, damit auch leistungsschwache Schüler vom nachfolgenden Unterricht profitieren. Und schließlich werden diese Lehrer mit den Eltern kooperieren, sofern dies förderlich erscheint.

Vorstehend genannte Lehraktivitäten lassen sich einmal aus dem Bereich der Lehr-Lern-Forschung ableiten, zum anderen sind sie in die Studien- und Übungsunterlagen der Handlungsorientierten Didaktik als Handlungs- und Entscheidungshilfen integriert. An dieser Stelle zeigt sich deutlich die wechselseitige Abhängigkeit von Theorie und Praxis, erweist sich der didaktische Ansatz als eine auf die Praxis bezogene Theorie. Neuere Einsichten und Erkenntnisse aus dem Bereich der Unterrichtswissenschaft lassen sich in die offene Systematik von

Qualifikationen und Handlungskompetenzen so einspeisen, daß sie der im Handlungsfeld stehende Lehrer auch umsetzen kann. Und der handelnde Lehrer – will er nicht nur radikal-pragmatisch verfahren – ist auf die Hinweise, Empfehlungen und Leitlinien der Unterrichtswissenschaftler angewiesen, welche die methodischen Handlungen, konfliktträchtigen Ereignisse und organisatorischen Maßnahmen einer Handlungsanalyse unterwerfen können. – Völlig unangebracht ist der leider auch heute noch zu verzeichnende Hochmut der Theoretiker gegenüber den Praktikern und umgekehrt. Denn die wenigsten Hochschullehrer – Schulpädagogen und Unterrichtswissenschaftler eingeschlossen – sind in der Lage, mit dem hier gestellten hohen Anspruch zu unterrichten, ganz einfach deshalb, weil dieser schwierige Beruf, soll er angemessen ausgeübt werden, eines ständigen Trainings bedarf. Und andererseits kann ein Lehrer dann nicht qualifiziert und kompetent lehren, wenn er nahezu alle Einsichten und Erkenntnisse der Unterrichtswissenschaft und der Pädagogischen Psychologie ignoriert.

Zum Handeln, d.h. zu bewußten, verantwortlichen und zielgerichteten Entscheidungen, gehört schließlich auch das permanente Bemühen eines jeden Lehrers um die Erweiterung und Veränderung des individuellen Normen- und Wertehorizontes, die Suche nach einem Standpunkt, der den handelnden Lehrer befähigt, auch eigenständige Entscheidungen zu legitimieren (vgl. z.B. v. Hentig 1987, Küng 1990, v. Weizsäcker 1986).

Anmerkungen

1   Forschungszentrum für Rehabilitation und Prävention der Stiftung Rehabilitation, Heidelberg: Modellversuch – »Entwicklung und Evaluation von Trainingseinheiten zum Situativen Lehrtraining für Dozenten und Ausbilder in der Beruflichen Erwachsenenbildung«. Abschlußbericht September 1977. – Vgl. auch Clemens-Lodde/Jaus-Mager/Köhl.

2   Forschungszentrum für Rehabilitation und Prävention der Stiftung Rehabilitation, Heidelberg: Modellversuch – »Entwicklung und Erprobung praxisbezogener Studieneinheiten für das Studium der Sozialpädagogik«. Heimerziehertraining (HET). Abschlußbericht Januar 1981. – Vgl. auch Becker/Stadler.

3   Auf mehreren Klassentreffen haben ehemalige Schüler versichert, es seien keine bleibenden Schäden zurückgeblieben.

4   Leider hat Zifreund nie eine Antwort auf diese entscheidende Frage gegeben.

5   Der von Winnefeld vertretene Ansatz wurde zwar von Unterrichtswissenschaftlern anerkannt, doch hat er sich in der Ausbildungspraxis nicht durchgesetzt.

6   Die Liste der bei Allen/Ryan ausgewiesenen Teaching Skills erscheint aus heutiger Sicht trivial.

7   Leider wurde das Anliegen einer Analyse des Handlungsfeldes am Stanford Center for Research and Development in Teaching nicht weiterverfolgt.

8   Zwar lassen sich zahlreiche Entsprechungen für dieses Modell in anderen Wissenschaftsdisziplinen finden, so z.B. in der Medizin – Anamnese, Diagnose, Therapiemöglichkeiten, Verordnung und Therapie –, doch hat Snow dieses Modell auf die Frage nach den zu erwerbenden Teaching Skills bezogen.

9   Dem Minicourse-Konzept fehlt ein stimmiger Bezugsrahmen, welcher die Einordnung der verschiedenen Kurse gestattet. Auch ist nicht ersichtlich, warum bestimmte Kurse entwickelt, andere Entwicklungsvorhaben hingegen fallengelassen worden sind.

10 Wenig hilfreich ist das Flanders Interaction Analysis System (FIAS) bei der Analyse konfliktträchtiger Ereignisse, weil hier entwicklungs- und sozialpsychologische, gruppendynamische und rechtliche Faktoren ins Spiel kommen.

11 Eine Studie zur Lehr-Lern-Effektivität innerhalb der Handlungsorientierten Didaktik müßte sich mit dem Verständnis von »Effektivität« be-

fassen und die Anliegen der Humanisierung und Demokratisierung berücksichtigen. Sodann wäre ein Vergleich zwischen angehenden Lehrern möglich, welche das Studien- und Ausbildungsprogramm durchlaufen bzw. nicht durchlaufen haben, wobei bestimmte Schülerleistungen einzubeziehen wären.

12 Ein Beispiel für Unverständlichkeit bietet Schröter (a.a.O.), indem er nachstehende Durchführungsfunktionen beschreibt:

2. Durchführungsfunktionen

   2.1 Informierende Funktionen

      Essentiell-direktinformierende Funktion
      Essentiell-indirektinformierende Funktion
      Supplement-informierende Funktion
      Fixierend-informierende Funktion
      Adjuvant-informierende Funktion
      Exercent-informierende Funktion
      Re-informierende Funktion
      Reproduzierend-informierende Funktion
      Korrigierend-informierende Funktion

13 Über die Definition der Studien- und Ausbildungsziele läßt sich die »Faktorenkomplexion« (Winnefeld) weitgehend auflösen.

14 Der Begriff der »Taxonomie« soll auch provozieren.

15 Es fehlt nach wie vor an qualifizierten Trainern, die selbst über schulpraktische Erfahrung verfügen und handlungskompetent sind.

16 Entscheidend ist einmal der Zeitfaktor, weil in der Ausbildungssituation zumeist die Zeit für einen Exkurs fehlt, und zum anderen hat das ausgedruckte Material einen höheren Grad an Verbindlichkeit.

17 Die Eigenverantwortung für den Qualifikations- und Kompetenzerwerb kann keinem angehenden Lehrer abgenommen werden, und die Lehrvoraussetzungen schwanken beträchtlich.

18 So betrachtet ist dieser Ansatz darauf ausgerichtet, sich überflüssig zu machen.

19 Vgl. die Publikationen zur Burnout-Problematik, Becker/Gonschorek.

20 Bei der Verwirklichung dieses Anliegens ist die kollegiale Zusammenarbeit unerläßlich.

21 Vgl. die Ausführungen auf S. 30, 82ff. und 145ff.

22 Vgl. H. Nohl

23 Vgl. A. Flitner

24 Der Autor ist für konstruktive Kritik dankbar.

25 Da sich dieser didaktische Ansatz sowohl auf normative Setzungen bezieht als auch auf Ergebnisse der Handlungsanalyse und Unterrichtswissenschaft, läßt sich die Handlungsorientierte Didaktik nicht ohne weiteres der »normativen Didaktik« (Blankertz 1975) zuordnen.

26 Vgl. Bloom 1984

27 Hier befindet sich die Schulpädagogik in einem fortwährenden Dilemma, indem sie immer wieder Anforderungen stellen muß, die sich nicht voll erfüllen lassen.

28 Solange Lehrer nicht in der Lage sind, das zentrale Handlungsfeld professionell abzudecken, sollten sie nicht in außerschulischen Arbeitsbereichen tätig werden. Schüler haben Anspruch auf einen qualifizierten Unterricht, den sie leider nicht einklagen können.

29 Der Autor wurde kürzlich von einer Studentin gefragt: »Was muß ich tun, um eine Persönlichkeit zu werden?« – Die Antwort: »Das ist ein weites Feld ...«. Vgl. Kopp. R. Tausch empfiehlt Reisen nach Kalifornien zu Ram Dass und die Teilnahme am »La Jolla Program«.

30 Vgl. Flanders, Weber und Tausch/Tausch.

31 Die Vertreter der Fachdidaktiken sind aufgefordert, die Ziele zu modifizieren, eine Auswahl zu treffen und Ergänzungen vorzunehmen.

32 Borg et al. haben die Bezeichnung »behavior indicator« gewählt. Eine weiterführende Differenzierung wurde nicht vorgenommen.

33 Becker/Dietrich/Kaier, Lehrer lösen Konflikte.

34 Die vom Autor getroffene Unterscheidung in Verbindung mit dem Grad emotionaler Betroffenheit hat sich bewährt und soll künftig beibehalten werden.

35 Vgl. auch die Ausführungen zum Handlungsaufschub bei Wahl/Weinert und Huber.

36 Eine Leitlinie besteht z.B. darin, einen Wechsel der Sozialformen anzustreben. Doch wenn Schüler einer 2. Klasse im Fach Mathematik voller Eifer einen »Hundertfüßler« kleben, ist ein Wechsel unangebracht.

37 Nach Fuller stehen in einzelnen Phasen der beruflichen Sozialisation bestimmte Fragen im Mittelpunkt, so bei Lehranfängern die Frage: How adequate am I?

38 Der Autor ist in den letzten Jahren dazu übergegangen, für den Lehrenden eine Protokolldurchschrift zu fertigen. Auf diese Weise wird ein hohes Maß an Transparenz erzielt.

39 Mit dem Problem der Übergänge oder der Transitionen hat sich auch Flanders befaßt. Vgl. Zifreund 1976.

40 Leser, die sich für das Unterrichtsbeispiel interessieren, können die Videoaufzeichnung unter dem Stichwort »Organspende« beim AVZ der Pädagogischen Hochschule Heidelberg, Keplerstr. 87, 6900 Heidelberg, anfordern.

41 Es wäre erstrebenswert, wenn der Berufsstand der Lehrer zu jener Eigenständigkeit finden würde, die Angehörige akademischer Berufe auszeichnen sollte. Die Epochen des Nationalsozialismus sowie des real existierenden Sozialismus geben wenig Anlaß zu dieser Hoffnung.

42 Die schwierige Aufgabe der Orientierung darf keinem angehenden Lehrer abgenommen werden. – Dieser Katalog ist wohl durch einige Ziele zu ergänzen, so z.B. durch ein Umweltziel, das sich auf die Bewahrung der Schöpfung bezieht.

43 Dieses Übungsziel kommt primär für Referendare in Betracht.

44 An dieser Stelle kann auch ein Regelkreismodell bemüht werden.

45 Diese geradezu bahnbrechende Erkenntnis sollte jedoch nicht über-

schätzt werden, weil sich bei einigen Schülern – und Lehrern – nicht allzuviel verändert.

46 Auf die Anfertigung solcher Skizzen und Entwürfe kann verzichtet werden, sobald angehende Lehrer die hier dargelegten Planungsüberlegungen auf alle erdenklichen Unterrichtsvorhaben anwenden können.

47 Lehranfänger werden oft froh sein, wenn sie eine Lehr-Lern-Folge konzipiert haben, die ihnen stimmig erscheint. Und es ist auch nicht einfach, mehrere Lehr-Lern-Spuren abzuspeichern und nach Bedarf im Prozeß die Spur zu wechseln.

48 Eine Bewertung der einen oder anderen Form ist wohl nicht möglich, denn in derzeitigen und künftigen Lebens- oder Berufssituationen wird sowohl eigenständiges Arbeiten als auch das Arbeiten aufgrund präziser Vorgaben verlangt.

49 Eine Ausdifferenzierung erfolgt unter 5.2.1.

50 Eine Ausdifferenzierung erfolgt unter Punkt 5.3.

51 Es gibt zwar einige wenige allgemeine Leitlinien für einen qualifizierten Unterricht, doch reichen diese nicht aus, um die Prozesse steuern zu können.

52 Allein dieses Studienziel ist hochkomplex, und zur Erreichung bedarf es weiterführender Studien. Vgl. auch Oblinger et al., a.a.O.

53 So muß z.b. im Fach Leibeserziehung Turnübungen ein Lockern und Aufwärmen vorangehen.

54 Solche übergeordneten Ziele wurden z.B. im KMK-Beschl. Nr. 824 vom 25.5.1973 umschrieben.

55 Dies ist bei Klassen mit hohem Ausländeranteil fast unmöglich.

56 In stark leistungsheterogenen Gruppen lassen sich Über- bzw. Unterforderungen einzelner Schüler zeitweise nicht vermeiden.

57 Ein Zuviel an Abwechslung bringt Unruhe und Hektik in den Prozeß.

58 Dies gilt besonders für offenere Unterrichtskonzeptionen. Vgl. auch Kounin.

59 Dieses Anliegen wird im Gesprächsbereich nochmals aufgegriffen.

60 Von einem sorgfältig geplanten Unterricht sollte wohl nur in begründeten Fällen abgewichen werden, wenn z.B. Vorkenntnisse fehlen, die Konzentrationsfähigkeit absinkt oder besondere Schülerbeiträge eine Richtungsänderung nahelegen.

61 Dies ist leichter gefordert als getan.

62 Erfahrene Lehrer haben zahlreiche Handlungen dieser Art verinnerlicht.

63 Selbst bei einer Individualisierung der Lernprozesse kommt es wohl darauf an, die einzelnen Aktivitäten zu strukturieren.

64 Diese Anforderung bezieht sich sowohl auf die Primärtugenden (vgl. Anmerkung 54) als auch auf Sekundärtugenden wie Ordnung, Fleiß, Sauberkeit und Pünktlichkeit, die preußische Beamte auszeichneten.

65 Diese Fähigkeit ist sowohl von bestimmten Dispositionen als auch von einer zu erwerbenden Einstellung und Haltung abhängig. Nicht voll belastbare Personen sollten nicht Lehrer werden.

66 So müssen Lehrer z.B. bei der Kontrolle von Hausaufgaben manchmal viel Ichstärke aufbringen.

67 Erfahrene Lehrer merken sofort, ob ihnen freudige Erwartung oder Feindseligkeit entgegenschlägt.

68 Dauert es den Schülern zu lange, bis ein Lehrer die Namen kennt, tauschen sie auch die Namensschilder aus, um seinen Lerneifer anzuregen.

69 Launische oder sprunghafte Lehrer verunsichern die Schüler stark und werden wenig geschätzt.

70 Bei gravierenden Ereignissen, z.b. bei Extremkonflikten, ist mitunter Inkonsequenz vonnöten.

71 Dies wird insbesondere von Klassenlehrern erwartet.

72 Schüler haben das Recht, hin und wieder die sonst zwischen Erwachsenen üblichen Grenzen im Umgang miteinander zu überschreiten, nur ist es dann Aufgabe des Lehrers, den Schülern diese Grenzen deutlich zu machen.

73 Hier ist ein Perzeptionstraining angesagt.

74 Diesem übergeordneten Ziel liegt der Motivationsbegriff zugrunde.

75 Dieses Ziel ist den folgenden Zielen übergeordnet.

76 Sofern in Gruppen gelehrt und gelernt wird, kann nicht nach dem Minimalprinzip verfahren werden.

77 Dies sollte möglichst in Kenntnis und unter Berücksichtigung der Lernvoraussetzungen geschehen.

78 Dieses Ziel ist den folgenden Zielen übergeordnet.

79 Die nonverbale Komponente der Kommunikation läßt sich natürlich auf alle Handlungsbereiche beziehen, nur tritt sie in bestimmten Gesprächssituationen besonders stark hervor.

80 Die folgenden Ziele bewegen sich in der »Struktur des Intellekts«, Guilford.

81 Als methodische Alternative bietet sich ein Arbeitsauftrag an. Vgl. Schwerpunktheft der Zsch. Unterrichtswissenschaft, 18 (1990) 4.

82 Dieses Ziel ist in Verbindung mit dem demokratischen Anliegen unverzichtbar.

83 Mit dieser Diskussionsform läßt sich das Anliegen der Toleranzerziehung konkretisieren – vgl. Anmerkung 54.

84 In diesem Zusammenhang wird keineswegs dafür plädiert, bei jeder sich bietenden Gelegenheit zu diskutieren.

85 Einige Lehrer verlernen das Führen von Einzelgesprächen, weil sie sich daran gewöhnt haben, immer vor Gruppen zu sprechen.

86 Dieses Ziel ist den folgenden Zielen übergeordnet.

87 Hier werden die Fähigkeiten eines Schauspielers erwartet, und das Fach »Sprecherziehung« ist gefordert.

88 Auch in diesem Zusammenhang spricht man von »der Kunst des Erzählens«.

89 Dieses Ziel brauchen angehende Grundschullehrer wohl kaum zu verfolgen.

90 Dieses Ziel ist den folgenden Zielen übergeordnet, wobei sich zumeist Subsituationen in Form von Tertiaden abzeichnen.

91 Die zweite Subsituation entfällt zumeist, doch ist sie für Lehrer an Ganztagsschulen, aber auch für Lehrer, die Nachhilfeunterricht erteilen, relevant.

92 Dies ist wahrscheinlich eine der bedeutsamsten Qualifikationen und Handlungskompetenzen, weil die Qualität der Arbeitsaufträge die Qualität der Lernprozesse mitbestimmt.

93 Wenn Schulanfänger schon als Leistungsträger betrachtet und eingestuft werden, erscheint dies mehr als fragwürdig.

94 In diesem Zusammenhang erscheint es sinnvoll, nicht mehr von »guten« oder »schlechten« Schülern zu sprechen, sondern die Lernleistungen in dem betreffenden Lernbereich zu umschreiben. Vgl. Höhn.

95 Eine pädagogisch zu verantwortende Norm ergibt sich aufgrund einer Analyse der Lehr-Lern-Voraussetzungen, der zurückliegenden Lehr-Lern-Prozesse, der Berücksichtigung besonderer Ereignisse sowie aus dem Versuch, den Sockelwert möglichst genau zu bestimmen.

96 Das Wissen um die Binomialverteilung erscheint unentbehrlich, um den Glauben an die Normalverteilung erschüttern zu können.

97 Wird prozeßorientiert in nicht operationalisierbaren Bereichen gelehrt und gelernt, sind dem Einsatz standardisierter Verfahren enge Grenzen gesetzt.

98 Solche Kriterien können u.a. sein: Leistungsstärken und Leistungsschwächen, Hinweise, wie sich letztere ausgleichen lassen, Leistungsentwicklung im Beurteilungszeitraum, Sozialverhalten. – Auf tollkühne Prognosen und nicht haltbare Charaktergutachten ist zu verzichten.

99 Jede Prüfung ist durch ein Abhängigkeitsverhältnis des zu Prüfenden vom Prüfer gekennzeichnet, und deshalb werden sich Rituale nicht ganz vermeiden lassen. – Vgl. Zifreund 1966.

100 Von Praktikanten darf keine annähernd perfekte Lehrleistung erwartet werden.

101 Eine Beurteilung kann nur in Kenntnis einzelner Schüler und der Lerngruppe einigermaßen gerecht ausfallen.

102 Hier sollten keine Leistungen verlangt werden, die zuvor nicht bestimmt worden sind.

103 Sofern die Beurteilung nach einem Kriterienkatalog erfolgt, sollte dieser allen Beteiligten vor der Unterrichtsplanung zugänglich gemacht werden.

104 Da jeder eine Theorie entwickelt, wie Unterricht aussehen sollte, kommt es wohl darauf an, zwischen den verschiedenen Vorstellungen zu vermitteln. Vgl. Metz.

105 Gleiches gilt für die Vorstellungen von der sog. Lehrerpersönlichkeit. Angehende Lehrer sind schließlich nicht verpflichtet, sich so zu geben, wie der Beurteiler dies wünscht.

106 Da auch die Vorstellungen bezüglich der Lehr- und Erziehungsstile variieren, erscheint hier der Gedankenaustausch ebenfalls angebracht.

107 Sofern der Beurteiler eine Protokolldurchschrift fertigt, können alle Beteiligten im Verlauf der Nachbesprechung den Prozeß schneller rekonstruieren, besonders gelungene oder fragwürdige Äußerungen nachlesen u.a.m.

108 Vgl. hierzu Woysch.

109 Damit das Feedback vom Lehrenden auch aufgefaßt und akzeptiert werden kann, erscheint die Beachtung der Regeln unerläßlich.

110 Hinweise zum Qualifikations- und Kompetenzerwerb sollten so konkret wie möglich sein, jedoch keine Rezepte enthalten, wenn solche nicht gegeben werden können.

111 Hier geht es um den Abbau der Diskrepanz zwischen dem sog. »real self« und dem »ideal self«.

112 Auch angehende Lehrer sollten möglichst bald in die Lage versetzt werden, sich ein beurteilerunabhängiges Bild über die eigenen Lehrleistungen zu machen.

113 Vgl. Arbeitsgruppe Aumeister. – Ein solcher Überblick wäre auch vor Aufnahme des Pädagogikstudiums anzustreben.

114 Dies ist eine übergeordnete Zielsetzung, welche die Aufgabenbereiche 5.2.1 bis 5.2.3 betrifft.

115 Schließlich ist die Konflikterzeugung in einem demokratischen System mit verankert, so z.b. bei Tarifkonflikten oder in der Auseinandersetzung zwischen Regierung und Opposition.

115 Mit einer nur funktionalistischen Sichtweise kann ein Gesellschaftssystem nicht bestehen. Vgl. Dahrendorf.

116 Die Offenlegung hat zumeist eine kathartische Wirkung, doch findet sie bald ihre Grenzen, wo Zurückhaltung im Umgang miteinander geboten ist, wo Nachteile aufgrund hierarchischer Strukturen zu befürchten sind u.a.m.

117 Der Autor hält es für sinnvoll, den Grad der emotionalen Betroffenheit zum Ausgangspunkt der Konfliktbewältigung zu machen. Die 1976 veröffentlichte Konfliktskala hat sich in vielen Zusammenhängen bewährt. Vgl. Becker/Dietrich/Kaier.

118 Auf verhaltensoriginelle Schüler wird allerdings auch methodenkompetentes Handeln oft keinen Eindruck machen.

119 Wer sich allein auf die Wirkung seiner Persönlichkeit verläßt, hat meist schon verspielt, denn die Schüler erwarten zu Recht von einem Lehrer auch Professionalität.

120 So führt ein autokratischer Stil meist zu Konflikten; doch gilt es, vorlaufende Einflüsse familialer und schulischer Sozialisation zu berücksichtigen.

121 Namenlose Schüler erleben sich als Opfer fragwürdiger Instruktionsbemühungen.

122 Die curriculare Komponente ist wahrscheinlich weniger bedeutsam als der Umgang miteinander.

123 Lehrer stehen etwas außerhalb der Lerngruppe und sind deshalb oft nicht in der Lage, Fragwürdigkeiten zu erkennen. Zumeist zeigt sich ihnen nur die berühmte Spitze des Eisberges.

124 Zahlreiche Konflikte werden durch methodische Fragwürdigkeiten hervorgerufen, so z.b. durch zeitlich überzogene Gesprächsphasen, unverständliche Arbeitsaufträge, unangemessene Anforderungen u.a.m.

125 Dies setzt bei den Schülern Gesprächsbereitschaft und eine gewisse Gesprächsfähigkeit voraus, Faktoren, die nicht immer gegeben sind.

126 Hier zeigt sich eine direkte Beziehung zwischen der Medienausstattung und dem Anliegen der Konfliktvorbeugung.

127 Jüngere Schüler sind meist noch nicht in der Lage, sich regelgerecht zu verhalten, denn sie vergessen die Regeln einfach, sobald sie sich einer Aufgabe zuwenden und sich von ihr gefangennehmen lassen.

128 Dies ist nicht als Aufforderung mißzuverstehen, sich auf beobachtbares Verhalten zu beschränken.

129 Hier wird vom Lehrer soziale Kreativität gefordert, ein Ziel, welches sich zwar nicht operationalisieren, aber doch konkretisieren läßt.

130 Die Bemühungen um ein »Humor- und Schlagfertigkeitstraining« stecken noch in den Anfängen.

131 Wer sich mit jedem Randkonflikt auseinandersetzen will, kommt in vielen Lerngruppen nicht mehr zum Unterrichten.

132 In solchen Fällen sind Spontanreaktionen vonnöten und Überreaktionen verzeihlich.

133 Ein solches Vorgehen kommt wohl nur in Verbindung mit Zentralkonflikten in Betracht, wenn die Schüler bereit und fähig sind, dem Analyseprozeß zu folgen, und wenn niemand bloßgestellt wird.

134 Ein völliger Verzicht auf Disziplinierungstechniken wird nicht möglich sein.

135 Ich-Botschaften wirken mitunter weinerlich, setzen sensible Schüler unter Druck oder verlieren bei zu häufigem Einsatz ihre Wirkung.

136 Andererseits haben Störungen Vorrang, denn wenn alle Schüler darüber nachdenken, was nachher geschehen wird, ist eine Weiterarbeit sinnlos. – Vgl. Cohn.

137 Wenn Lehrer den Lärmpegel überschreien, erhöhen sie häufig durch ihr eigenes Verhalten die Geräuschkulisse.

138 Schließlich bedienen sich auch Parlamentspräsidenten einer Glocke, warum dann nicht auch Lehrer?

139 An einigen Schulen ist das Pausenzeichen abgeschafft und die flexible Arbeitszeit eingeführt. Größere Schulen, die auf ein Fachlehrersystem angewiesen sind, können kaum auf das Zeichen verzichten.

140 Dieses Ziel umschreibt das Hauptanliegen, das mit der Handlungsmatrix verfolgt wird (vgl. Lehrer lösen Konflikte).

141 Schulpsychologen führen mitunter Klage, daß Lehrer oft nicht fähig seien, eine brauchbare Beschreibung zu liefern. – Dies hängt natürlich auch vom Grad der emotionalen Betroffenheit ab.

142 Bei der Analyse ist es nicht so wichtig, daß immer alle Schritte der Handlungsmatrix durchlaufen werden, sondern daß die an der Analyse beteiligten Personen in der begrenzt zur Verfügung stehenden Zeit zu einem vorläufigen Ergebnis gelangen, das Handlungs- und Entscheidungshilfen bietet.

143 Auch unsinnig erscheinende Einfälle sind erst einmal gefragt, um weitere sinnvolle produzieren zu können.

144 Dieses Verfahren erscheint etwas formalistisch, ist aber ungemein praktisch.

145 Im Unterschied zu Gordon (a.a.O.) ist der Autor der Auffassung, daß es nicht Ziel des analytischen Bemühens sein kann, möglichst immer eine Kompromißlösung zu finden.

146 An dieser Stelle wird einmal mehr die Theorie-Praxis-Problematik sichtbar.

147 Dies gilt vor allem im Umgang mit Problemschülern und -gruppen.

148 Bei einer zu geringen Frustrations- und Konflikttoleranz besteht die Gefahr, dem Burnout-Syndrom zu erliegen.

149 Eine solche Maßnahme wird von Schülern oft mißverstanden, weil sie Gleichbehandlung erwarten.

150 Eine Erwartung könnte z.b. darin bestehen, daß die wenigen, als notwendig erachteten Hausaufgaben auch von jedem Schüler gefertigt werden.

151 Zumindest sollte Zeit für das Abhaken bleiben.

152 Hier sind dem häuslichen Fleiß des Lehrers keine Grenzen gesetzt.

153 Für lerndiagnostische Bemühungen und für das Erstellen von Lernplänen wird ebenfalls Zeit benötigt; doch wer soll einem Schüler erklären, was nachzuarbeiten ist, wenn nicht der Lehrer?

154 Vgl. die Lernhilfen-Treppe bei Kohler und die Ausführungen zum Prinzip minimaler Lernhilfen bei Aebli 1983.

155 Die Vielzahl der höchst unterschiedlichen Bestimmungen läßt vermuten, daß keine ohne weiteres anwendbar ist, und deshalb sind ausgebildete Lehrer gefordert, Absprachen mit Kollegen zu treffen und eigenständig zu entscheiden.

156 Die Hausaufgabenproblematik ließe sich nur über ein flächendeckendes Angebot an Ganztagesschulen weitgehend lösen – ein bildungs- und finanzpolitisches Problem.

157 Gespräch mit F. McDonald am ETS, 1972.

158 Der Autor hat sich jahrelang mit der Frage befaßt, ob es sinnvoll sei, die Handlungsindikatoren mit Verbalformen, also mit Beispielen in wörtlicher Rede, zu belegen. Einerseits präzisieren solche Beispiele die Indikatoren, andererseits brauchen sich die Benutzer nicht selbst um Verbalformen zu bemühen. Ab 1976 (vgl. Becker/Clemens-Lodde/Köhl) wurde mit Verbalformen gearbeitet, 1984 (vgl. Erstauflage Teil II) glaubte der Autor, auf Verbalformen verzichten zu können; doch da Leser den Wunsch nach Verbalformen geäußert haben, soll wieder zur ursprünglichen Form zurückgefunden werden.

159 Der Autor dankt dem Kollegen Klinzing für den Hinweis auf die Publikation Banduras.

160 Eine Darstellung der Ergebnisse findet sich auch bei Abele (Hrsg.).

161 Vielleicht wurde in den letzten Jahren innerhalb der Lehrerausbildung zu wenig gelernt. Ein Vergleich mit Medizin- oder Jurastudenten legt diese Vermutung nahe.

162 Das besondere Anliegen des Situativen Lehrtrainings tritt mit Hilfe der Taxonomie noch deutlicher hervor.

163 Der Autor hat in den 70er Jahren etwa 30 Kurse zum Situativen Lehrtraining mit Dozenten aus dem Bereich der beruflichen Rehabilitation durchgeführt.

164 Eine Handlungskompetenz impliziert schließlich etwa ein dutzend Handlungsindikatoren, die es zu erwerben gilt. Schon mit zwei Kompetenzen am Tag wären die Trainingsteilnehmer überfordert.

165 Diese Behauptung ist empirisch nicht belegt.

166 Der Autor hat zwischen 1972 und 1982 an der Pädagogischen Hochschule Heidelberg etwa 40 Kurse zum Situativen Lehrtraining durchgeführt und die Schwierigkeiten durchlebt.

167 Der Autor nimmt für sich in Anspruch, so handeln zu können, wie er es von den Kursteilnehmern erwartet. Dies gilt übrigens auch für die Studien- und Übungsunterlagen (Teil I bis V), in denen nur Handlungs- und Entscheidungshilfen gegeben werden, die selbst als realisierbar erfahren worden sind.

168 Sollen in der ersten Phase der Lehrerbildung Ausbildungsfunktionen wahrgenommen werden, muß eine mehrjährige Schulpraxis eine Berufungsvoraussetzung für Dozenten sein.

169 Für ein selbständiges Training fehlt den Studenten der Überblick, und mit der Aufforderung »Nun übt mal schön!« sind sie überfordert.

170 Nach Fuller steht die Frage nach der persönlichen Eignung für den Lehrerberuf bei Studenten der 1. Phase im Mittelpunkt.

171 Vgl. Becker 1973a. Lehrer und Schüler sind zumeist einverstanden, wenn sie sich am Training beteiligen sollen, denn erstere brauchen nicht zu unterrichten, und letztere freuen sich, weil kein richtiger Unterricht stattfindet; doch sobald es anstrengend wird, haben sie das Gefühl, Versuchskaninchen zu sein, was zum Teil auch stimmt.

172 Der Autor hat schon 1972 Vorstellungen zur Einrichtung von Studien- und Trainingszentren veröffentlicht.

173 Die Forschungsgruppe um W. Borg hat sicher triftige Gründe gehabt, die Minicourse-Konzeption in die zweite Phase der Lehrerausbildung zu verlegen.

174 Die Möglichkeiten des Kompetenzerwerbs im Rahmen der Praktika sollten auch nicht überschätzt werden.

175 Vgl. Tabelle auf S. 109.

176 Der Autor konnte 20 Jahre lang diese Vergleiche anstellen.

177 Die Praktikanten nehmen gerne lange Anfahrtswege in Kauf, wenn die anderen Variablen akzeptabel erscheinen.

178 Der Autor hat diese Effektivitätsformel in seiner Funktion als Senatsbeauftragter für die schulpraktische Ausbildung an der Pädagogischen Hochschule Heidelberg entwickelt.

179 Solche Lehrer sind übrigens auch unterbezahlt – obgleich man natürlich nicht »die hehre Sache der Erziehung dem Gelderwerb opfern sollte!«

180 Die anderen Gründe, die zur Übernahme einer Teilzeitbeschäftigung führen, werden auch gesehen.

181 Befürchtungen dieser Art sind durchaus berechtigt, gibt doch Bessoth Schulleitern die Handlungsindikatoren in Form von Prüflisten zur Beurteilung ihrer Lehrer an die Hand.

182 An dieser Stelle wird deutlich, daß Lehrer nicht nur auf Anweisung handeln können, sondern eine akademische Ausbildung benötigen, die sie zu eigenständigem Handeln befähigt.

183 Hier wird nicht der Frage nachgegangen, was angelsächsische Kollegen unter »Effektivität« verstehen und ob eine Übernahme der Ergebnisse interkulturell möglich ist.

Literatur

Abele, A. (Hrsg.): Neuere Entwicklungen in Lehre und Lehrerbildung. Weinheim 1990

Aebli, H.: Denken: Das Ordnen des Tuns. Bd. I: Kognitive Aspekte der Handlungstheorie. Stuttgart 1980

Aebli, H.: Das Ordnen des Tuns. Bd. II: Denkprozesse. Stuttgart 1981

Aebli, H.: Grundformen des Lehrens. Stuttgart 1961

Aebli, H.: Zwölf Grundformen des Lehrens. Stuttgart 1983

Allen, D.W./Ryan, K.: Microteaching. Reading, Mass., Addison-Wesley 1969

Amidon, E.J./Hough, J.B. (eds): Interaction analysis: Theory, research and application in teaching. Reading, Mass., Addison-Wesley, 1967

Arbeitsgruppe Aumeister: Der Praxisschock. München 1976

Aschersleben, K.: Didaktik. Stuttgart 1983

Aubertine, H.E.: An experiment in the set induction process and its application in teaching. Diss., Stanford University 1964

Bandura, A.: Sozial-kognitive Lerntheorie. Stuttgart 1979

Bandura, A.: Social foundations of thought and action. A social cognitive theory. Englewood Cliffs, New Jersey. Prentice Hall, Inc. 1986

Baral, D.P./Snow, R.E./Allen, D.W.: A taxonomy of teaching behaviors: Progress report. R. & D.M. No. 36, SCRDT 1968

Becker, G.E.: Auf dem Weg zu einer Taxonomie des Lehrverhaltens. In: Unterrichtswissenschaft. 3 (1975) 4, 35–54

Becker, G.E:: Auswertung und Beurteilung von Unterricht. Handlungsorientierte Didaktik Teil III. Weinheim 1988, 2. Aufl.

Becker, G.E.: Darstellung verschiedener Trainingsansätze unter inhaltlichem Aspekt. In: Zifreund, W. (Hrsg.) 1976

Becker, G.E.: Disziplinkonflikte in der Grundschule. Pädagogische Maßnahmen zur Aufrechterhaltung der sozialen Ordnung. In: Lehrer Journal, Grundschulmagazin. 2 (1987) 4, 8–10. Nachdruck in: Erziehungswissenschaft – Erziehungspraxis. 3 (1987) 2, 42–47

Becker, G.E.: Durchführung von Unterricht. Handlungsorientierte Didaktik Teil II. Weinheim 1990, 4. Aufl.

Becker, G.E.: Lehrer lösen Konflikte. Weinheim 1989, 4. Aufl. (wird als Teil IV der Handlungsorientierten Didaktik ausgewiesen)

Becker, G.E.: Optimierung schulischer Gruppenprozesse durch situatives Lehrtraining. Heidelberg 1973a

Becker, G.E.: Planungsmodelle für Unterricht. In: Reinert/Petersen (Hrsg.) 1990

Becker, G.E.: Planung von Unterricht. Handlungsorientierte Didaktik Teil I. Weinheim 1991, 4. Aufl.

Becker, G.E.: Über den Stellenwert der Kriterienkataloge zur Unterrichtsbeurteilung. In: Kontakt. Schriftenreihe zur Lehrerbildung, Lehrerfortbildung und pädagogischen Weiterbildung. Bd. 12 (1988), 86–93

Becker, G.E.: Zur erforderlichen Neuorientierung der erziehungswissenschaftlichen Studien an den Aufgaben des Lehrers im Unterricht. In: Unterrichtswissenschaft. 1 (1973b) 2/3, 121–127

Becker, G.E./Bilek, R./Clemens-Lodde, B./Köhl, K.: Gespräch und Diskussion. München 1976

Becker, G.E./Clemens-Lodde, B./Köhl, K.: Motivieren und Präsentieren. München 1976

Becker, G.E./Clemens-Lodde, B./Köhl, K.: Üben und Experimentieren. München 1976

Becker, G.E./Clemens-Lodde, B./Köhl, K.: Unterrichtssituationen. München 1980, 2. Aufl.

Becker, G.E./Dietrich, B./Kaier, E.: Konfliktbewältigung im Unterricht. Bad Heilbrunn 1982, 3. Aufl.

Becker, G.E./Gonschorek, G.: Kultusminister schicken 55.000 Lehrer vorzeitig in Pension. In: Pädagogik. 41 (1989), 16–23

Becker, G.E./Gonschorek, G.: Das Burnout-Syndrom. Ursachen – Interventionen – Konsequenzen. In: Pädagogik. 42 (1990) 10, 10–14

Becker, G.E./Kohler, B.: Hausaufgaben kritisch sehen und die Praxis sinnvoll gestalten. Weinheim 1988 (wird als Teil V der handlungsorientierten Didaktik bzw. als Ergänzungsband ausgewiesen)

Becker, G.E./Stadler, H.: Alltagsprobleme in der Heimerziehung. Bad Heilbrunn 1982

Beiträge zu Unterricht und Ausbildung der Zsch. Krankengymnastik:

Becker, G.E.: Arbeitsaufträge formulieren (Teil 1). 8 (1984) 1

Becker, G.E.: Arbeitsaufträge formulieren (Teil 2). 8 (1984) 2

Becker, G.E.: Die Bewertung des Lernverhaltens durch den Lehrer und über die Fragwürdigkeit von Lob und Tadel. 5 (1981) 2

Becker, G.E.: Demonstration eines Sachverhaltes im Unterricht der Krankengymnastik. 4 (1980) 4

Becker, G.E.: Erklären eines Sachverhaltes mit Hilfe einer Zeichnung. 4 (1980) 3

Becker, G.E.: Die handlungsorientierte Didaktik und ihre zentralen Anliegen. 10 (1986) 3

Becker, G.E.: Hospitationen im Unterricht. 9 (1985) 4

Becker, G.E.: Kleingruppenarbeit in der beruflichen Erwachsenenbildung. 2 (1978) 3

Becker, G.E.: Lernhilfen geben. 6 (1982) 2

Becker, G.E.: Rahmenbedingungen – verändern, akzeptieren oder resignieren. 10 (1986) 1

Becker, G.E.: Ein Rollenspiel ist keine Spielerei. 11 (1987) 1

Becker, G.E.: Schul- und Leistungsängste in der beruflichen Erwachsenenbildung. Teil II: Schüler der Krankengymnastik berichten über ihre Ängste. 6 (1982) 1

Becker, G.E.: Das Üben im Unterricht der Krankengymnastik. 5 (1981) 1

Becker, G.E.: Was verbirgt sich hinter dem Begriff der »Lehrerpersönlichkeit«? 9 (1985) 3

Becker, G.E./Bilek, R.: Kleingruppenarbeit in der beruflichen Erwachsenenbildung. 2 (1978) 4

Becker, G.E./Hüter, A.: Die Fragen des Lehrers im Unterricht. 3 (1979) 2

Berliner, D.C.: The effects of test-like events and notetaking on learning from lecture instruction. Diss., Stanford University 1968

Berliner, D.C.: In pursuit of the expert pedagogue. In: Educational Researcher. 15 (1986) 7, 5–13

Bessoth, R.: Lehrerberatung – Lehrerbeurteilung. Neuwied 1986, 2. Aufl. (Vgl. auch Lose Blattsammlung 1987)

Blankertz, H.: Handlungsrelevanz pädagogischer Theorie. Selbstkritik und Perspektive der Erziehungswissenschaft am Ausgang der Bildungsreform. In: Zsch. f. Päd. 24 (1978) 2, 171–182

Blankertz, H.: Theorien und Modelle der Didaktik. München 1975, 9. Aufl.

Bloch, E.: Geist der Utopie. 1918. In: Gesamtausgabe, Bd. 3. Frankfurt 1964

Bloch, E.: Das Prinzip Hoffnung. 1959. In: Gesamtausgabe, Bd. 5. Frankfurt 1959

Bloom, B.S.: The 2 sigma problem: The search for methods of group instruction as effective as one-to-one tutoring. In: Educational Researcher. 13 (1984) 6, 4–16

Bloom, B.S. et al.: Taxonomie von Lernzielen im kognitiven Bereich. Weinheim 1986, 5. Aufl. (Originalausgabe 1956)

Bönsch, M.: Unterrichtskonzepte. Studien zur Allgemeinen Didaktik. Baltmannsweiler 1986

Borg, W.R.: The minicourse as a vehicle for changing teachers' behavior. A three year follow up. In: Journal of Educational Psychology. 63 (1972) 6, 572–579

Borg, W.R. et al.: The minicourses: a microteaching approach to teacher education. London, Collier-Macmillan, 1970

Caselmann, C.: Wesensformen des Lehrens. Stuttgart 1970, 4. Aufl

Clarizio, H.F.: Disziplin in der Klasse. München 1979

Claus, K.E.: Effects of modeling and feedback treatments on the development of teachers' questioning skills. Technical Report No. 6. Stanford Center for Research and Development in Teaching 1969

Clemens-Lodde, B./Jaus-Mager, I./Köhl, K.: Situatives Lehrtraining in der Erwachsenenbildung. Braunschweig 1978

Cohn, R.C.: Von der Psychoanalyse zur Themenzentrierten Interaktion. Stuttgart 1975

Cube, F. v.: Kybernetische Grundlagen des Lernens und Lehrens. Stuttgart 1982, 4. Aufl.
Dahrendorf, R.: Zu einer Theorie des sozialen Konflikts. In: Zapf, W. (Hrsg.) 1971
Deutsch, M.: Konfliktregelung. Konstruktive und destruktive Prozesse. München 1976
Eigler, G. et al.: Grundkurs Lehren und Lernen. Weinheim 1975, 2. Aufl.
Eigler, G./Straka, G.A.: Mastery learning, Lernerfolg für jeden? Zielerreichendes Lernen. Erprobung einer herausfordernden Konzeption. München 1978
Feuser, G./Meyer, H.: Integrativer Unterricht in der Grundschule. Oberursel 1986
Fifth Anual Report. Stanford Center for Research and Development in Teaching. Palo Alto 1970
Flanders, N.A.: Analyzing teaching behavior. Reading, Mass., Addison-Wesley 1970
Flitner, A.: Friedenserziehung im Streit der Meinungen. In: Zsch. f. Päd. 32 (1986) 6, 763–777
Flitner, A.: Eine Wissenschaft für die Praxis. In: Zsch. f. Päd. 24 (1978) 2, 183–193
Fuller, F.: Concerns of teachers. In: American Ed. Res. Journ. 6, 1969, 2
Gage, N.L.: Teacher effectiveness and teacher education. The search for a scientific basis. (Pacific books) Palo Alto 1972
Gage, N.L./Berliner, D.C.: Pädagogische Psychologie. Weinheim 1986, 4. Aufl.
Glück, G.: Wissenschaftstheoretische Überlegungen zur Konstruktion einer didaktischen Medientaxonomie. In: Unterrichtswissenschaft. 1 (1973) 2/3, 27–35
Gordon, Th.: Lehrer-Schüler-Konferenz. Hamburg 1977, 3. Aufl.
Grampp, G.: Lehrtraining und Schülerleistung. Der Einfluß des Lehrtrainings auf die Lernwirksamkeit von Kommunikationsphasen bei der Verwendung eines Gruppenlernprogramms. Weinheim 1984
Grell, J./Grell, M.: Unterrichtsrezepte. Weinheim 1990
Groeben, N.: Handeln, Tun, Verhalten als Einheiten einer verstehend-erklärenden Psychologie. Tübingen 1986
Groeben, N.: Die Verständlichkeit von Unterrichtstexten. Münster 1978, 2. Aufl.
Gudjons, H./Teske, R./Winkel, R. (Hrsg.): Didaktische Theorien. Hamburg 1987, 4. Aufl.
Guilford, J.P.: Persönlichkeit. Weinheim 1964 (Originalausgabe 1959)
Heidemann, R.: Körpersprache vor der Klasse. Heidelberg 1983
Hentig, H. v.: Arbeit am Frieden. München 1987
Hiller, G.G.: Konstruktive Didaktik. Düsseldorf 1973
Höhn, E.: Der schlechte Schüler. München 1967
Huber, F.: Allgemeine Unterrichtslehre im Abriß. Bad Heilbrunn 1954

161

Ingenkamp, K.: Die Fragwürdigkeit der Zensurengebung. Weinheim 1977, 7. Aufl.

Jetter, K.: Erziehungswissenschaftliche Grundannahmen einer handlungsorientierten Didaktik – Thesen. In: Schönberger (Hrsg.) 1984, 78–82

Johnson, W.D.: The effects of cognitive closure on learner achievement. Diss., Stanford University 1964

Keck, R.W./Sandfuchs, U. (Hrsg.): Schulleben konkret. Bad Heilbrunn 1979

Klafki, W.: Neue Studien zur Bildungstheorie und Didaktik. Weinheim 1985

Klinzing, H.G.: Expressives nichtverbales Lehrerverhalten im Unterricht: Ein Forschungsbericht. In: Unterrichtswissenschaft. 12 (1984) 4, 308–319

Klinzing, H.G.: Training kommunikativer Fertigkeiten zur Gesprächsführung und für Unterricht. Weil der Stadt 1982

Klinzing-Eurich, G./Klinzing, H.G.: Lehrfertigkeiten und ihr Training. Untersuchungen zum Training von Fragen höherer Ordnung und Sondierungsfragen mit Selbststudienmaterialien. Weil der Stadt 1981

Knight, O.L.: Teacher participation in educational change related to their judgements of accomplishments. Diss., Stanford University 1970

Kohler, B.: Elternratgeber Hausaufgaben. Weinheim 1991, 2. Aufl.

Kopp, F.: Eine halbe Million Lehrer als »Persönlichkeiten«? In: Päd. Welt. 34 (1980) 449, 450

Koran, J.J.: The relative effectiveness of imitation versus problem solving in the acquisition of a complex teaching skill. Diss., Stanford University 1968

Koran, M.L.: The effects of individual differences on observational learning in the acquisition of a teaching skill. Diss., Stanford University 1969

Kounin, J.S.: Techniken der Klassenführung. Stuttgart 1976

Krathwohl, D.R./Bloom, B.S./Masia, B.B. (Hrsg.): Taxonomie von Lernzielen im affektiven Bereich. Weinheim 1975 (Originalausgabe 1964)

Kröll, M.: Lehr-Lernplanung. Grenzen und Möglichkeiten. Köln 1989

Küng, H.: Projekt Weltethos. München 1990

Metz, H.: Unterrichtsbeurteilung. Frankfurt 1983

Meyer, H.: Leitfaden zur Unterrichtsvorbereitung. Königstein/Ts. 1980, 3. Aufl.

Meyer, H.: UnterrichtsMethoden II. Praxisband. Königstein 1989, 2. durchges. Aufl.

Meyer, H.: UnterrichtsMethoden I. Theorieband. Königstein 1990. 3. Aufl.

Miller, R.: Lehrer lernen. Weinheim 1986

Miltz, R.J.: Development and evaluation of a manual for improving teachers' explanations. Diss., Stanford University 1971

Minsel, W.-R.: Praxis der Gesprächspsychotherapie. Grundlagen, Forschung, Auswertung. Wien 1979. 4. Aufl.

Mutzek, W./Pallasch, W. (Hrsg.): Handbuch zum Lehrertraining. Weinheim 1983

Oblinger, H. et al.: Unterrichtskonzeptionen. Donauwörth 1986

Olivero, J.L.: Video recordings as a substitute for live observations in teacher education. Diss., Stanford University 1964

Peck, R.F.: Personalized education. The program of the R. & D.C. for Teacher Education at The University of Texas at Austin 1970

Popham, W.-J.: Performance test of teaching proficiency. In: American Educ. Research Journal (1971) 1

Redlich, A./Schley, W.: Die kooperative Verhaltensmodifikation. Weinheim 1980

Reinert, G.-B./Petersen, J. (Hrsg.): Pädagogische Positionen. Donauwörth 1990

Rosenshine, B.: Behavioral predictors of effectiveness in explaining social studies material. Diss., Stanford University 1968

Rösner, M.: Unterrichtstechnik. Hannover 1955. 2. Aufl.

Roth, H. (Hrsg.): Begabung und Lernen. Deutscher Bildungsrat

Gutachten und Studien der Bildungskommission. Stuttgart 1969, 2. Aufl.

Ryan, K.A.: The use of students' written feedback in changing behavior of beginning secondary school teachers. Diss., Stanford University 1966

Sacher, W.: Praxis der Notengebung. Bad Heilbrunn 1984

Salomon, G.: Interaction of communication-medium and two procedures of training for subjective response uncertainty of teachers. Diss., Stanford University 1968

Schönberger, F. (Hrsg.): Kooperative Didaktik. Stadthagen 1984, 2. Aufl.

Schraeder-Naef, R.: Schüler lernen Lernen. Weinheim 1978

Schröter, G.: Didaktik als Struktur der Lehrfunktion. Düsseldorf 1972

Schulz, W.: Unterrichtsplanung. München/Wien/Baltimore 1981, 3. Aufl.

Schwark, W.: Praxisnahe Unterrichtsanalyse. Ravensburg 1977

Shutes, R.E.: Verbal behaviors and instructional effectiveness. Diss., Stanford University 1969

Sommer, H.: Grundkurs Lehrerfrage. Weinheim 1981

Spranger, E.: Der geborene Erzieher. Heidelberg 1958

Snow, R.I.: Program 05: Heuristic teaching. In: Fifth Anual Report 1970, 67–91

Stein, N.L.: The modification of impulsivity using two types of cue discrimination training. Diss., Stanford University 1969

Tausch, R./Tausch, A.-M.: Erziehungspsychologie. Göttingen 1979, 9. Aufl.

Wagenschein, M.: Zum Begriff des Exemplarischen. Weinheim 1959

Wagner, A.C. et al.: Bewußtseinskonflikte im Schulalltag. Weinheim 1984

Wahl, D.: Handeln unter Druck. Weinheim 1991

Wahl, D. / Weinert, F.E. / Huber, G.L.: Psychologie für die Schulpraxis. München 1984

Walberg, H.J.: Improving the productivity of America's schools. In: Educ. Leadership. 41 (1984) May, 19–27

Weber, E.: Erziehungsstile. Donauwörth 1973, 4. Aufl.

Wehmeyer, D.J.: Frames of reference as a variable in instruction. Diss., Stanford University 1966

Weinert, F.E./Zielinski, W.: Lernschwierigkeiten – Schwierigkeiten des Schülers oder der Schule? In: Unterrichtswissenschaft. 5 (1977) 4, 292–304

Weißbach, Ch.-R.: Training des Beraterverhaltens. Bad Heilbrunn 1988

Weizsäcker, C.F. v.: Die Zeit drängt. München 1986

Winnefeld, F.: Pädagogischer Kontakt und pädagogisches Feld. München 1967, 4. Aufl.

Woysch, D.: Die Fragwürdigkeit der Beurteilung von Lehrproben. In: Unterrichtswissenschaft. 4 (1976) 3, 199–209

Young, D.B.: The effectiveness of self-instruction in teacher education using modeling and videotape feedback. Diss., Stanford University 1967

Zapf, W. (Hrsg.): Theorien des sozialen Wandels. Köln und Berlin 1971, 3. Aufl.

Zifreund, W.: Konzept für ein Training des Lehrverhaltens mit Fernsehaufzeichnungen in Kleingruppen-Seminaren. Beiheft 1 zur Zsch. programmiertes Lernen und programmierter Unterricht. Berlin 1966

Zifreund, W.: Lehren lernen – Handlungsförderung und Verhaltenstraining. In: Unterrichtswissenschaft. 10 (1982) 4, 295–299

Zifreund, W.: Training des Lehrverhaltens und Interaktionsanalyse. Weinheim 1976

Personenregister

Sachregister

Georg E. Becker bei Beltz

Georg E. Becker
Planung von Unterricht
Handlungsorientierte Didaktik I
257 Seiten. Broschiert.
DM 36,– / öS 281,– / sFr 37,20
ISBN 3-407-25088-6

Der Lehrer gilt als Fachmann für
die Organisation von Lernprozessen.
Dies bedarf sorgfältiger Planung in
einzelnen Schritten. Die hier vorliegende Handlungsorientierte Didaktik
bietet Anleitung und Hilfe bei der
Planung von Unterricht.

Georg E. Becker
Durchführung von Unterricht
Handlungsorientierte Didaktik II
298 Seiten. Broschiert.
DM 36,– / öS 281,– / sFr 37,20
ISBN 3-407-25089-4

In diesem Band wird der Versuch
unternommen, angehenden Lehrern
handlungsorientierte Leitlinien zu
bieten, die es ihnen erlauben, theoretische Einsichten und Erkenntnisse
auf die Handlungsebene zu übertragen und an der Ausweitung und Veränderung ihres Handlungsrepertoires zu arbeiten.

Georg E. Becker
**Auswertung und Beurteilung
von Unterricht**
Handlungsorientierte Didaktik III
204 Seiten. Broschiert.
DM 36,– / öS 281,– / sFr 37,20
ISBN 3-407-25090-8

Georg E. Becker
Handlungsorientierte Didaktik
Eine auf die Praxis bezogene Theorie
168 Seiten. Broschiert.
DM 29,80 / öS 233,– / sFr 31,–
ISBN 3-407-25135-1
Die Handlungsorientierte Didaktik
will Lehrer befähigen, im Unterricht
möglichst human, demokratisch und
effektiv zu verfahren. Dazu werden
Studien- und Übungsziele sowie
Verfahren zum Qualifikations- und
Kompetenzerwerb angeboten.

Georg E. Becker / Britta Kohler
Hausaufgaben
Kritisch sehen und die Praxis
sinnvoll gestalten
196 Seiten. Broschiert.
DM 36,– / öS 281,– / sFr 37,20
ISBN 3-407-25108-4

Dieses Buch orientiert sich an den
Handlungen des Lehrers im Unterricht und bietet in verständlicher
Form konkrete Handlungshilfen für
das Stelle, Betreuen und Kontrollie-
ren von Hausaufgaben. Es wird die
Forderung erhoben, nur noch solche
Hausaufgaben zu stellen, deren Not-
wendigkeit sich auch stichhaltig
begründen läßt. Dadurch wird Zeit
frei, die effektiver für das Lernen
im Unterricht genutzt werden kann.
Das Buch bietet Referendaren,
Lehrern aller Schularten, Nachhilfe-
lehrern und sozialpädagogischen
Mitarbeitern einen umfassenden
Reflexionshintergrund und liefert
Anregungen und Hinweise für die
Arbeit mit den Schülern.

Preisänderungen vorbehalten

Beltz Verlag · Postfach 10 01 54 · 69441 Weinheim   B_213